novum pro

Udo Sutterlüty

NIE WIEDER FERIEN

Eine ‚Euro-päische' Kurzgeschichte

novum pro

www.novumverlag.com

Bibliografische Information
der Deutschen Nationalbibliothek:

Die Deutsche Nationalbibliothek
verzeichnet diese Publikation in
der Deutschen Nationalbibliografie.
Detaillierte bibliografische Daten
sind im Internet über
http://www.d-nb.de abrufbar.

Alle Rechte der Verbreitung,
auch durch Film, Funk und Fernsehen,
fotomechanische Wiedergabe,
Tonträger, elektronische Datenträger
und auszugsweisen Nachdruck,
sind vorbehalten.

© 2015 novum Verlag

ISBN 978-3-99048-364-0
Lektorat: Marianne Günther
Umschlagfoto: Heidi Sutterlüty-Kathan
Umschlaggestaltung, Layout & Satz:
novum Verlag

Gedruckt in der Europäischen Union
auf umweltfreundlichem, chlor- und
säurefrei gebleichtem Papier.

www.novumverlag.com

Meinen geliebten Eltern Melchior und Irmgard

VORWORT

Die Geschichte, die ich erzähle, habe ich während meiner Zeit als Börsenhändler in London 1996 aufgeschrieben. Das Jahr begann mit einer schweren Erkrankung meines Vaters in Österreich und so eilte ich bereits nach dem ersten Monat zurück nach Vorarlberg, um ihm im Kampf gegen den aggressiven Krebs beizustehen.

Bereits drei Wochen später war unser gemeinsamer Kampf verloren und endete in der deutschen Uni-Klinik in ‚Erbarmen' (=Erlangen). Der äußerst aggressive Tumor und der deutsche Fasching, welcher eine dringend notwendige Operation verzögerte, blieben die Sieger. Mein Vater starb am Aschermittwoch, dem 21. Februar, wobei der leitende deutsche Arzt tröstend meinte, ihm wäre viel erspart geblieben und eine weitere Behandlung wäre aussichtslos gewesen. Wir glaubten ihm.

Mein Vater wurde nur runde 60 und starb in meinen Armen mit seinem letzten großen Wunsch, ‚Gommr huo' („Lass uns heimgehen"), den ich ihm leider nur noch tot erfüllen konnte.

Wir beerdigten ihn unter großer Anteilnahme meiner Heimatgemeinde im Bregenzerwald, ich ging wieder zurück nach London, meine drei Schwestern zurück zu ihren Familien, und meine Mutter blieb alleine im großen Haus und Garten zurück. Mir tat sie sehr leid, sie war noch eine junge Witwe und hatte so rasch und unerwartet ihren geliebten Mann verloren. Im Sommer wollte ich wieder heimkommen, um mit ihr gemeinsam in den Urlaub zu fahren und uns gegenseitig zu trösten.

Zurück in London, vermisste ich meinen noch recht jung verstorbenen Vater sehr. Ihn, der als junger Mann immer davon geträumt hatte, in London zu leben und zu arbeiten. Als sein einziger Sohn konnte ich nun seinen Traum durchleben und genoss die Zeit als Senior Trader an der Börse in der City von London. Zusammen mit meinem Partner Joe Corona aus Chicago, den ich einige Jahre zuvor in Chicago kennengelernt hatte, als ich erstmals im Ausland Börsenerfahrungen sammelte.

Joe und ich wurden damals in der Windy City schnell Freunde und so wurde ich rasch sein Broker Assistent am Floor der größten Terminbörse der Welt, der Chicago Board of Trade. Dort begleitete ich ihn täglich in den geordneten Tumult von tausenden bunten wild gestikulierenden Brokern und Tradern, um am Ende des Handelstages wieder einige US-Dollars verdient zu haben, was aber nicht immer gelang.

Mein verstorbener Vater besuchte mich in London ab und zu nachts in meinen Träumen, welche wunderschön waren und uns zu herrlichen Fischgewässern führten, wo wir gemeinsam Forellen fischten. Wenn ich zurückdenke an die Zeit, in welcher mein Vater noch lebte, so glaube ich, waren wir beide nirgendwo so eins und glücklich miteinander, als in der Zeit, in welcher wir gemeinsam fischen gingen.

Doch auch tagsüber in London konnte ich mich nach seinem Tod teils nur schwer konzentrieren oder wurde von der Trauer um ihn abgelenkt. Manchmal hatte ich am helllichten Tag das Gefühl, als ob jemand laufend an meine ‚Gedankentüre' klopfte und mir ins Ohr flüsterte: „Ich möchte dir eine lehrreiche und lustige Geschichte über Europa und die kommende Eurowährung erzählen." Diese neue Währung sollte ja in knapp drei Jahren als neues Geld in zahlreichen Ländern Europas eingeführt werden und viele Probleme und Sorgen, die dieser Kontinent hat, lösen helfen.

Die Geschichte sollte mich einerseits trösten und andererseits auch aufheitern. Dass sie auch sehr lehrreich ist und möglicherweise auch zukünftige Visionen in sich birgt, welche bereits teilweise von den aktuellen Ereignissen in den vergangenen 19 Jahren eingeholt wurden, ist mir erst heute bewusst geworden. Ob nun alle Facetten der Geschichte, die ich damals 1996 in London aufgeschrieben habe, so eintreffen und eine Präkognition in sich tragen, wage ich natürlich nicht zu behaupten. Trotzdem würde ich sagen, gibt es wahrscheinlich nicht viele Bankstudien oder Analysen vom Jahre 1996, welche die Zukunft des Euros und Europas in dieser Form, wie wir sie aktuell erleben, so treffend beschrieben wie diese Geschichte.

Wer meinen Vater Melchior kannte, der wusste auch, dass seine großen Hobbys und Leidenschaften, neben dem Fischen, immer auch die Landwirtschaft und natürlich auch das Holz, welches seinen Beruf als Holzkaufmann ausfüllte, waren. Von einem großen landwirtschaftlichen Hof handelt auch die Geschichte, welche ich geflüstert bekam, in welcher nicht nur Menschen, sondern auch Tiere sprechen können und alles etwas drunter und drüber geht bei der gemeinsamen Bewirtschaftung des Hofes. Aufgeschrieben habe ich die Geschichte im Sommer 1996 in London, ohne jedoch ein konkretes Vorhaben, sie wirklich einmal als Buch zu veröffentlichen.

Das folgende Jahr zurück in meiner Heimat, überlegte ich kurz, ob ich nicht doch versuchen sollte, die Geschichte zu veröffentlichen. Ich klopfte sogar kurz bei einem Buchverlag an, ob sie denn Interesse an meiner Geschichte hätten. Der Verlag lehnte jedoch höflich ab, diese doch etwas Euro(land) kritische Geschichte zu drucken bzw. zu veröffentlichen. Zu groß war damals noch die Euphorie in Österreich nach dem EU-Beitritt 1995 und der geplanten gemeinsamen Euro-Währung, welche Europa, ab 1999 als Buchgeld, bzw. 2001 als neues Papiergeld, beglücken sollte. Nach dem ersten Versuch zur Veröffentlichung gab ich bereits auf und in der Folge verstaubte die Geschichte in einer meiner Ablagen bis zum Tode meiner Mutter 2014.

Nach ihrem Tode durchforstete ich, wie bei nahen Todesfällen oft üblich, alte und historische Unterlagen aus unserem Familienkreis, und so stieß ich wieder auf meine Geschichte aus der Zeit in London: *„Nie wieder Ferien"*. Als ich 2015 nach beinahe 19 Jahren wieder begann, diese alte Geschichte zu lesen, musste ich schmunzeln und bewundernd feststellen, wie vorausahnend und vorausehend diese Fabel war. Erst jetzt, knapp 19 Jahre später, wird mir bewusst, was für ein kleiner ‚Schatz' diese für jedermann leicht verständliche und teilweise lustige Kurzgeschichte ist, um zu verstehen, warum sich so viele europäische Länder mit der neuen Eurowährung zunehmend schwertun. Aber es geht bei der Geschichte nicht nur um den Euro, sondern auch besonders um Österreich, und den Aufruf, als Nation endlich erwachsen und unabhängig zu werden und uns nicht, so wie die letzten 100 Jahre, mehr oder minder nur an Deutschland zu klammern.

Nun galt es, die Geschichte reinzuschreiben in meinen Computer, ein erklärendes Vorwort zu verfassen, welches Sie gerade lesen, aber ansonsten möchte und werde ich nichts an den Zeilen verändern, welche ich damals in London aufgeschrieben hatte. Sie sehen, dieses Mal hat es geklappt mit der Veröffentlichung und ich denke, dass ich es meinem Vater noch schuldig bin, wie auch meiner geliebten Mutter, welcher ich auch versprochen hatte, eines Tages ein Buch zu schreiben.

Als meine Mutter 1996 schon junge Witwe wurde, musste sie ihr Leben neu gestalteten und organisieren. Bücher wurden ihre große Leidenschaft und neben Bibliothekarin war sie auch sehr beliebte Vorleserin von Geschichten und Büchern für junge, wie auch ältere Zuhörer. Geerbt hat sie es wohl von ihrem Vater, dem Schuhmacher an der Hub, meinem Großvater, zu welchem viele in die Werkstatt kamen, nicht nur um Schuhe reparieren zu lassen, sondern um seine interessanten und spannenden Geschichten zu hören. Nicht nur die Erwachsenen ohne Fernsehen, sondern auch wir Enkel profitierten davon.

Da die Geschichte im Jahre 1996 aufgeschrieben wurde, sind natürlich auch die Namen und Ereignisse aus dieser Zeit. Alle Namen von Personen und Tieren sind frei erfunden und jeder mögliche Zusammenhang mit noch lebenden Personen und Ereignissen ist rein zufällig und liegt ausschließlich an der Phantasie des Lesers. Mit dieser Geschichte soll keine Nation und kein Volk Europas beleidigt oder diffamiert werden. Keinesfalls soll die Geschichte auch als anti-deutsch oder anti-französisch betrachtet werden. Es soll nur bewusst gemacht werden, dass diese beiden Nationen mehr oder minder bestimmen, was in Europa passiert oder nicht passiert. Die aktuelle Finanzkrise im Sommer 2015 um Griechenland zeigt deutlich auf, was die kleinen Nationen noch zu melden haben in diesem Suprastaat Europäische Union. Egal, was das griechische Volk sagt und wählt, sie sind dem Diktat der Troika (EZB, EU und IWF) ausgesetzt und müssen gehorchen.

Anfang 2015 sagte ein bekannter französischer Politiker: „Ohne Frankreich und Deutschland passiert hier in Europa gar nichts."

Da frage ich mich, sind dann sämtliche andere Nationen in Europa nur Zaungäste und Beifahrer dieser Achse Berlin-Paris? Denn genau diese Verbindung ist ein wichtiger Teil meiner Geschichte, während der große Rest von Europa verdammt ist zum Zuarbeiten oder Zuschauen. Es ist heute in Europa nicht mehr möglich, irgendetwas Wichtiges oder Bedeutendes durchzusetzen, wenn Deutschland und Frankreich gemeinsam dagegen sind.

Europa wird heute allerdings nicht primär von den jederzeit austauschbaren Politikern regiert, sondern deutlich mehr von den Notenbanken, Großbanken und Konzernen, sowie den Bürokraten & Technokraten in Brüssel und Washington, und last but not least von den internationalen Finanzjongleuren. Dass die internationalen Medien auch nur in wenigen Händen sind, macht es relativ einfach, Stimmungen und Meinungen zu färben bzw. zu manipulieren. Ja, wir haben zwar schon lange eine Pressefreiheit im Westen und sind immer voll informiert, sind wir aber auch immer ‚richtig' und ‚wahrheitsgetreu' informiert? Hier habe ich zunehmend Zweifel die letzten Jahre.

Viele der oben genannten Einheiten, welche das aktuelle Geschehen in Europa kontrollieren, sind keinem Volk oder Parlament Rechenschaft schuldig, außer ihren geheimen Zirkeln, Verbindungen und mächtigen Finanziers, welche schon seit Bismarcks Zeiten hinter dem Vorhang an den Fäden ziehen.

Ich glaube, unser Traum von Europa war nicht diese riesige bürokratische Schaltzentrale in Brüssel mit zehntausenden gut verdienenden Lobbyisten und ferngesteuerten Politikern und Bürokraten, sondern ein Europa der unabhängigen und freien Bürger und Nationen, die friedlich miteinander auskommen und sich gegenseitig prosperieren. Ein Europa, in welchem der kleine Mann auf der Straße und der kleine Unternehmer eine Chance auf Aufstieg, Wachstum und Prosperität haben.

Nur zu gern werden via Brüssel zusätzliche Behinderungen und Markteintrittsbarrieren für kleine und unabhängige Unternehmer errichtet, welche praktisch jede neue Form von ‚homegrown' (aus dem eigenen Land) Konkurrenz für bestehende Konzerne verhindert. Ich frage mich, wie viele neue Banken und Versicherungen sind in Österreich oder Deutschland in den letzten 20 Jahren neu gegründet worden? Seit Beginn der Finanzkrise 2008 wurden amerikanische und europäische Großbanken bereits zu über 40 Mrd. U$ an Strafzahlungen wegen Zins-, Gold- und Währungs-Manipulationen, Geldwäsche, Absprachen und anderen Vergehen verurteilt. Kein einziger Bankmanager oder Händler wurde bis dato dafür auch nur einen Tag eingesperrt, aber jeder, der beim Nacktbaden in Florida erwischt wird, kann mit einer mehrjährigen Gefängnisstrafe konfrontiert werden. Ich frage mich, in was für einer Welt leben wir?

Die großflächigen Korruptionen und Manipulationen, welche wir in der Politik und in der internationalen Bankenwelt aktuell erleben, sind wohl auch Indizien dafür, dass ‚too big to fail‘ (gleichbedeutend mit systemrelevant) gleichzeitig auch bedeutet ‚too big to control‘ (zu groß, um richtig kontrolliert zu werden). Sollte Europa nicht nach dem föderalistischen Prinzip regiert werden? Nur, was die kleinsten Kommunen und Gemeinden nicht selbst entscheiden, verantworten und kontrollieren können, soll nach oben weitergegeben werden auf Landesebene, und der kleine Rest auf die Staatsebene? Denn je kleiner die Einheiten sind, umso besser funktionieren die Kontrolle und das Vertrauen und umso weniger können Geld und andere Anreize dafür sorgen, dass die Entscheidungen gegenläufig sind, zu dem, was das Volk eigentlich wählte und sich wünscht.

Gleiches gilt für die Großbanken und Großkonzerne, wo die Politik dank der von ihnen abgesegneten Gesetze praktisch alles unternimmt, um sie noch größer und mächtiger bzw. noch unkontrollierbarer zu machen, statt sie alle miteinander zu zerschlagen und in wesentlich kleinere Einheiten aufzuteilen, um für einen faireren Wettbewerb gegenüber den kleinen und mittleren Unternehmen zu sorgen. Die ‚Anfütterung‘ in Brüssel scheint nach wie vor sehr gut zu funktionieren.

Zwei Weltkriege in den Städten und auf den Äckern Europas, bei welchen der Kriegsindustriekomplex und mit ihnen die finanzierenden Großbanken beidseits des Atlantiks extrem gut verdienten, während Europas Völker sich gegenseitig abschlachteten und ganze Generationen von jungen Männern verbluteten, solche Kriege dürfen nie wieder passieren. Falls dieses Buch einen kleinen Beitrag dazu leisten kann, dass so etwas wie Verdun oder Stalingrad nie wieder geschieht auf dem europäischen Kontinent, wäre ich schon sehr glücklich darüber. Nie wieder dürfen sich die Völker Europas von den Kriegshetzern und dem Kriegsindustriekomplex und den gesteuerten und manipulierten Massenmedien und Politikern in einen neuen großen Krieg drängen lassen. Sämtliche Politiker, die zu einem neuen Krieg aufrufen oder in militärische Auseinandersetzungen fern der Heimat eingreifen wollen, sollten gezwungen werden, sich selbst oder ihre Kinder in die erste Reihe der Marschierenden zu entsenden.

Ob die neue gemeinsame Währung Euro in Europa dem ultimativen Frieden dient, oder im Endeffekt zu Zerwürfnis und Streit führt, wird die Zukunft zeigen. Ich habe diesbezüglich große Bedenken, denn bei der neuen gemeinsamen Währung, dem Euro, frage ich mich, ob nur eine Geldbörse funktionieren kann, für eine Familie mit 28 verschiedenen Kindern? Denn die haben alle miteinander sehr unterschiedliche Vorstellungen zur täglichen Arbeit, zum Sparen & Vorsorgen, zum Investieren & Forschen oder zum Konsumieren, Steuern zahlen und wann sie in Pension gehen möchten. Wahrscheinlich funktioniert das in einer Großfamilie auch nur dann, wenn ein Familienpatriarch die Geldbörse diktatorisch verwaltet und es aber niemals zulässt, dass sich nur ein Kind an der Gemeinschaftskasse selbstständig bedient. Verliert der Patriarch die Kontrolle über die Familienkasse, so ist es über kurz oder lang wohl um die Familiendynastie geschehen.

Wie aber soll der Euro auf Staatsebene ohne Zentralgewalt funktionieren, wenn es bei einer Großfamilie ohne ein diktatorisches Familienoberhaupt wohl auch nie funktionieren wird? Das erste europäische Land in Europa, welches diese Zentralgewalt zu spüren bekommt, ist Griechenland. Die griechische Wirtschaft schrumpfte in den letzten fünf Jahren beinahe um 25 %, schlimmer als die USA in der Depression der 30er Jahre. Kein Wunder also, dass das griechische Volk eine Änderung dieses Kurses verlangt, ob und zu welchen Bedingungen die Troika-Geldgeber das gestatten werden, wird die Zukunft zeigen.

Die Zukunft Europas dürfte entweder in die Richtung einer ausgeprägten europäischen Zentralgewalt zur Rettung des Euros fortschreiten oder es gibt ein langsames Auseinanderbrechen der Euro-Allianz, in welcher einzelne oder mehrere ehemalige Weichwährungsstaaten zurück auf ihre alten Pfade wechseln mit einer laufenden Inflationierung und Abwertung ihrer Heimatwährungen, um wirtschaftlich attraktiv zu bleiben, allerdings zum Preis einer höheren Geldentwertung als mit dem Euro. Einige Nationen könnten wiederum diese sich abzeichnende Zentralgewalt eine Zeit lang ‚testen', ob ihnen die verordnete Kost schmecken würde, und falls nicht, sich dann immer noch loslösen. Wiederum andere Länder werden möglicherweise immer dort bleiben bis zum bitteren Ende, aus Mangel an Alternativen oder weil sie einfach mehr Vorteile als Nachteile daraus haben.

Griechenland ist allerdings kein Einzelfall, sondern nur das erste Land, das an die Reihe kommt. Denn mittlerweile sind so viele europäische Staaten so hoch verschuldet, dass sie, auch wenn sie ein bisschen mehr arbeiten und mehr sparen würden, niemals mehr aus ihrer Schuldenfalle rauskommen könnten. Grund dafür ist die Exponentialfunktion der Zinseszinsen ihrer Schulden, die jährlich so viele neue Schulden produzieren, dass diese nie mehr eingeholt werden können. Sprich – das Opfer, die hoch verschuldeten Nationen und mit ihnen ihre Staatsbürger und Steuerzahler, sind im Schuldennetz gefangen. Die Troika-Spinne kann sich nun ans Werk machen und beginnen, das Blut der Schulden-Sklaven anzuzapfen. Die Ersten, die an die Reihe kommen, sind wohl die Griechen, morgen sind es möglicherweise die Italiener oder Portugiesen und übermorgen vielleicht schon wir Österreicher?

Ein alternativer Weg wäre, dass Europas Regionen beginnen, sich wieder ihrer verschiedenen Kulturen, Sprachen und Traditionen zu besinnen, beginnen, wieder mehr Eigenverantwortung für ihre Bürger wahrzunehmen, um den Macht- und Schaltzentralen in Brüssel und Washington mehr Einhalt zu gebieten. Europas Regionen erwachen aus ihrem Euro-Dauerschlaf und übernehmen wieder ihre Aufgaben und Verantwortungen für ihre Bürger, welche ihre Hauptstädte schon lange an Brüssel abgegeben haben. Sie beginnen zu realisieren, dass die Staatsgebilde, denen sie angehören, im Schulden-Spinnennetz der Großfinanz gefangen sind und eine Flucht daraus nicht mehr möglich ist.

Entweder wird die Währung sterben oder die Staatsgebilde werden sterben, beides wird nicht überleben können, dafür haben alle Staaten bereits viel zu sehr über ihre Verhältnisse gelebt. Es gilt leider für diese und die kommenden westlichen Generationen, das „nach zu hungern", was die Vorgenerationen schon verfuttert haben. Die immer größer werdenden Staatskolosse und Beamtenstaaten wollen und sollen nicht mehr gesundgeschrumpft werden, damit sie die Privatwirtschaften wieder solide, d. h., ohne neue Schulden zu machen, finanzieren können. Folglich werden diese Staatsbürokratien mit ihren Beamtenheeren weiter wachsen und marschieren, bis sie eines Tages bei einem starken Gegenwind umfallen werden wie morsche alte Bäume. Das dürfte dann wohl der Moment der neuen Weltordnung werden, um die bankrotten Staatsgebilde einzusammeln und sie in einem neuen Suprastaat mit nur einer Währung, einer Regierung, einer Armee und einer ‚Wahrheit' neu zu ordnen. George Orwell lässt grüßen und einige elitäre Zirkel dürften ihr großes Ziel endlich erreicht haben, aber zu dem Thema vielleicht ein anderes Mal.

Der griechische Philosoph Thukydides (454 v. Chr.) schrieb einmal: „*Das Geheimnis des Glücks ist die Freiheit, das Geheimnis der Freiheit aber ist der Mut.*"

Wer sich nach Freiheit sehnt, sehnt sich immer auch nach Veränderungen und neuen Wegen, die nicht nur Kraft und Mut benötigen, sondern auch Ausdauer und Geduld. Um unserem Glück in Europa näher zu kommen, sollten wir, statt vor dem Altar des Fernsehers im ‚Nichtstun' zu verblöden, manipuliert und desinformiert zu werden und über mangelndes Lebensglück und Freiheit zu jammern, einfach einmal aufstehen, die Glotze abschalten und beginnen, wieder richtig zu leben, zu lieben und zu versuchen, einmal im Leben richtig mutig zu sein.

„*Nur die Ehre altert nicht, und das, woran sich das tatenlose Alter am meisten freut, ist nicht, wie man behauptet, das Geld, sondern die Ehre.*" (Thukydides)

KAPITEL I

Es war einmal ein Bauernhof, auf dem lebten viele verschiedene Tiere und Menschen, unter anderem ein alter hagerer Reitersmann mit dünnen, langen O-Haxen, eine schwarze träge Stute, eine blonde fesche Magd, ein kräftiger Knecht und ein junger blonder, etwas naiver Stallbursche. Der Bauernhof, genannt Hof Blessür, stand auf einer großen, weiten grünen Wiese, umgeben von sanften Hügeln, welche durchzogen waren mit teilweise zugewachsenen Wagenspuren, die als Transportwege dienten. Der Hof war von einem robusten Zaun umgeben, wobei sich das Bauernhaus selbst in einer sanften Mulde in Form eines Vierkanthofes befand.

Früher einmal, bevor es diesen großen Hof gab, lebten alle Bewohner des Hofes frei und unabhängig auf dieser großen bunten, saftigen Wiese. Jeder konnte tun und lassen, was er wollte, natürlich stets mit Rücksicht auf seine Nachbarn. Die Tiere waren glücklich und frei, konnten fressen und tun, was sie wollten, aufstehen und schlafen gehen, wie es ihnen beliebte, und arbeiten so viel sie wollten, kurz, ein herrliches unabhängiges Leben. Niemand konnte ihnen vorschreiben, was sie zu tun hätten oder wie sie ihr Leben zu führen haben.

Allerdings mussten sich die Tiere auch um sich selbst kümmern. Es gab niemanden, der ihnen im Winter das Heu brachte oder sie in einen warmen, geheizten Stall brachte. Und falls sie Nachwuchs hatten, so mussten sie sich selbstständig um die Aufzucht ihrer Jungen kümmern. Trotzdem funktionierte das Leben auf dieser Wiese tadellos und ohne größere Probleme. Die Tiere waren glücklich, unabhängig und in einem kräftigen, widerstandsfähigen Zustand, nicht einmal das schlimmste Wetter konnte ihnen was anhaben.

Die Tiere waren zwar absolut frei und unabhängig, doch wenn eines Schwierigkeiten hatte und Hilfe brauchte, halfen ihm die anderen freiwillig, obwohl es keine Verpflichtung dazu gab. Doch die Tiere verstanden sich meistens freundschaftlich so gut, dass diese Hilfe eigentlich ganz selbstverständlich war. Es gab auch auf dieser weiten grünen Wiese keinen Oberhäuptling, der nur bestimmte und jedem sagte, was er zu tun hatte. Somit gab es auch keine Untergebenen, die mehr oder minder nur dienten und sich anpassen mussten. Alle Tiere waren gleichberechtigt und unabhängig.

Natürlich gab es größere und kleinere Mitglieder auf dieser Wiese, sowie stärkere und schwächere Tiere. Und es gab auch Tiere, die sich besser verstanden mit den einen und weniger mit den anderen. Kleinere Streitigkeiten waren folglich nicht immer auszuschließen, doch diese verschwanden meistens wieder, so wie die vorüberziehenden weißen Federwolken am blauen Himmel.

Gab es einmal einen heftigen Streit, so kamen alle Tiere zu diesem Streitpaar zusammen, trennten sie auseinander und begleiteten den schuldigen Streithansel, oder eventuell beide bei gleicher Schuld, in eine andere Ecke der riesigen Wiese. Abseits in diesen entlegenen Ecken konnten die Streithähne ihre Köpfe wieder abkühlen, und wenn sie die innere Ruhe wieder gefunden hatten, durften sie wieder in die Mitte der Wiese zurückkehren.

Allerdings musste die Mehrheit der Tiere dieser Rückkehr zustimmen, was aber eigentlich immer der Fall war. Die Bewohner dieser Wiese genossen ein fruchtbares und friedliches Leben, bis eines frühen Herbstages dunkle Gewitterwolken den Himmel verdeckten und die Wiese in eine dunkle gefährliche Landschaft verwandelten.

In dieser Dämmerung verwandelte sich der auf der Wiese grasende braune Hengst Izan in eine wahnsinnige Bestie und begann, auf dieser Wiese Amok zu laufen. Der braune Hengst duldete keine Gleichberechtigung mehr, Tiere, die sich ihm entgegenstellten, wurden getötet oder mussten sich seiner Tyrannei unterwerfen. Izan ließ sich zum alleinigen Herrscher über diese Wiese ausrufen und vollzog seine Macht und Herrschaft mit grausamster Härte.

Das rötliche Abendlicht gab der ehemaligen grünen saftigen Wiese einen matten, dunklen, trostlosen Ausdruck, wobei die

Reste der Kadaver der vom Hengst Izan getöteten Tiere noch gut erkennbar weit verstreut auf der Wiese herumlagen. Viele Tiere, die sich dem Hengst Izan entgegenstellten, starben, einige wenige unterwarfen sich gezwungenermaßen, und einige wenige glückliche konnten sich über den Fluss Banal, am nördlichen Rand der Wiese, auf eine Insel retten.

Der braune Hengst Izan war unumstrittener Herrscher dieser Wiese, die verbliebenen Tiere mussten sich dem Pferd bedingungslos unterwerfen und wurden bei Missachtung mit dem Tode bestraft. Die Hufe des Hengstes waren hart wie Stahl und schlugen erbarmungslos zu. Obwohl die Sonne immer wieder aufging, hatte sie die Wärme und ihr helles Licht verloren, die Sonnenstrahlen konnten die Wiese nicht mehr wieder zum Leben erwecken. Die Blumen und Gräser auf der Wiese begannen abzusterben und das Leben der verbliebenen Tiere wurde noch trostloser und ärmer, als es schon war.

Inzwischen aber hatten sich die geflüchteten Tiere auf der Insel namens Winland zusammengefunden und hatten wieder Kraft gesammelt und eine Gemeinschaft mit dem Ziel gegründet, den Hengst Izan zu besiegen, anschließend die unterdrückten Tiere zu befreien und das Leben auf der Wiese wieder frei und unabhängig zu machen. Die geflüchteten Tiere selbst waren aber viel zu schwach, um das brutale Monster auf der Wiese zu besiegen. Doch der Bewohner der Insel Winland, ein kräftiger Schafbock mit runden starken Hörnern namens Lord Winston, versprach ihnen seine Hilfe und Unterstützung beim Befreiungskampf.

Einige Zeit davor hatte Lord Winston seine Hartnäckigkeit und sein Durchhaltevermögen bereits bewiesen, als das tollwütige Pferd Izan versuchte, auf die Insel zu kommen. Dabei holte sich der Hengst jedoch eine blutige Nase und Schafbock Winston ging als strahlender Sieger und Verteidiger der Insel hervor. Dadurch hatten die Tiere unter seinem Schutz natürlich noch mehr Vertrauen in ihn. Obwohl zurück auf die Wiese zu gehen und den braunen Hengst Izan zu Hause, dort, wo er daheim war, zu besiegen, eine sehr schwierige Aufgabe werden würde.

Doch die geflüchteten Tiere und Lord Winston hatten noch einen weiteren Trumpf in ihren Händen, ihren Freund Marschall.

Marschall war ein sehr kräftiger großer Büffel, der von einer anderen weit entfernten Wiese namens Jenkieland kam, um seinem Freund Lord Winston und seinen Freunden bei diesem Befreiungskampf zu helfen. Natürlich war diese Hilfe nicht ganz umsonst, denn dem Büffel Marschall ging es vor allem um seine Anerkennung als der wirkliche Herr im Tierreich, und auch darum, der Ausdehnung des Reviers des großen rotbraunen Bären Malin, am östlichen Rand der Wiese, klare Grenzen zu setzen. Der Bär Malin hatte dem Hengst Izan bereits schon tiefe blutende Schrammen zugeführt, als die Tiere auf der Insel Winland entschieden, nach gewissenhafter Vorbereitung, auf die Wiese zurückzukehren.

An einem frühen Tag im Juni kam dann dieser längste Tag, als die Tiere auf der Insel über den Fluss Banal zurück auf die Wiese kamen und den Kampf mit Izan aufnahmen. Der Widerstand des Hengstes war hartnäckig und zäh, doch die Übermacht der zurückkehrenden Tiere und zusätzlich noch der Bär Malin waren einfach zu groß. Es sollte kein ganzes Jahr mehr vergehen, bis der Hengst Izan endgültig besiegt und getötet wurde.

Die Rauchschwaden des Kampfes lichteten sich langsam und die ersten richtig warmen Sonnenstrahlen kamen wieder auf den zerschundenen Wiesenboden durch. Der Friede war wieder hergestellt, doch der Boden war noch ausgeblutet und zum Teil zerstört. Aber mit etwas Sonne und Regen sollten die Gräser und Blumen rasch wieder blühen und die Wiese wieder in ein buntes, saftiges Blumenmeer verwandeln.

Der Büffel Marschall erwies sich zudem nicht nur als guter Kämpfer, sondern auch als ein wahrer Helfer, als er nach dem Kampf noch einige Zeit auf der Wiese blieb, um den Tieren beim Wiederaufbau zu helfen. Diese lebenswichtige Hilfe und Unterstützung werden ihm die Tiere auf der Wiese nie vergessen und seinen Namen ewig in dankbarer Erinnerung behalten.

KAPITEL II

Inzwischen sind viele Jahre vergangen und die Wiese blühte wieder in ihrer vollsten Pracht. Die Sonne und das Wetter waren einfach herrlich, alles sprießte und blühte bunt und saftig, doch sonderbarerweise waren fast keine Tiere mehr auf der großen Wiese. Was war passiert?

Nun, nach dem großen Sturm des Hengstes Izan über die Wiese, als der Friede wieder einkehrte und die verschiedenen Bewohner wieder auf die grüne Fläche zurückkehrten, tauchte plötzlich wieder ein Pferd auf. Viele von ihnen hatten immer noch große Angst vor Pferden und die schrecklichen Erinnerungen an den blutrünstigen Hengst Izan waren noch nicht vergessen.

Obwohl der Neuankömmling eine relativ friedliebende, etwas träge schwarze Stute war, fürchteten die meisten Tiere, sie könnte sich eventuell wieder, so wie der Hengst Izan damals, in einen blutrünstigen Herrscher verwandeln. Aus diesem Grund beschlossen einige Tiere und Menschen auf der Wiese, zusammen mit dem Pferd namens Kolkopf, in einen abgelegenen Stall zu ziehen. Dort könnten sie das Pferd besser beobachten und sicherstellen, dass sich das Pferd Kolkopf nicht wieder in einen blutrünstigen Herrscher verwandeln würde. Ein weiterer Grund war sicher auch ihre Meinung, dass es auf einem Hof gemütlicher und angenehmer zu leben wäre als auf der freien, ungeschützten Wiese.

Dieser Bauernhof inmitten dieser grünen saftigen Wiese, den die Bewohner Blessür nannten, war anfangs eigentlich nur eine bessere Scheune mit einem Holzschindeldach, hellen abgewetterten Holzbrettern an den Seitenwänden und mit einem großen offenen Tor. Das Eingangstor war immer offen und die Bewohner des Hofes konnten ein- und ausgehen, wie es ihnen beliebte. Es gab auch keinen richtigen Zaun um dieses Haus, nur einen kleinen Vorplatz aus hart gepresster Erde mit einem

Holzbalken. Dieser Balken diente eigentlich nur dazu, die Stute Kolkopf anzubinden, bevor der alte hagere Reitermann sie zum Ausritt besteigen konnte.

Die Tiere in der Scheune waren eigentlich ganz glücklich darüber, dass ein Reiter auf dem Hof war, der ab und zu die Stute ritt, denn das würde diese davon abhalten, auch nur davon zu träumen, selbst einmal Herrscherin auf dem Hof zu sein. Solange der Reiter die Zügel fest in der Hand hielt, das Pferd stets gefügig gehorchen musste, hatte es keine Möglichkeit, übermütig oder größenwahnsinnig zu werden.

Anfangs funktionierten diese Ausritte immer tadellos, der Reiter und die Stute Kolkopf verstanden sich prächtig. Der Reiter gab die Richtung vor und die Stute gehorchte. Die Stute Kolkopf war noch jung und gelehrig, und von einem sturen Gaul konnte noch keine Rede sein. Der Reiter hingegen, sein Name war Monsieur Karischaque, konnte auf eine lange Tradition seiner Familie in der Reitkunst zurückblicken.

Monsieur Karischaque selbst war aber auch schon ein älterer Jahrgang, hatte dunkles, lichtes Haar und einen langen dünnen Zwirbel-Schnurrbart. Er war groß und hager, fast schon ausgehungert, könnte man meinen, und hatte dünne, drahtige O-Haxen vom vielen Reiten. Zu seiner Ausrüstung zählten stets seine Pferdepeitsche, sein Reiterhut und schwarze Reiterstiefel, sowie eine dünne lange, bitter stinkende Zigarre, Marke Mortemuroa, mit der er oft die Luft verpestete.

In den ersten Jahren waren die Ausritte mit der Stute Kolkopf eine helle Freude für Herrn Karischaque, da sie noch schnell, gefügig und gehorsam war und er seine Peitsche eigentlich kaum in Einsatz nehmen musste. Monsieur Karischaque spielte gerne die berittene Polizei auf der Wiese und manchmal sogar auch außerhalb davon, wobei die meisten Tiere gehorchten und großen Respekt vor ihm hatten. Im Großen und Ganzen funktionierte das Leben auf dem Hof reibungslos, alle waren glücklich und satt, und es gab für keine Bewohner von Hof Blessür einen wirklichen Grund, dieses Zusammenleben zu verändern.

Die Tiere im Stall konnten nach wie vor auf die grüne Wiese gehen und sich mit den anderen frei lebenden Tieren treffen und zusammen sein. Falls das Wetter schlecht oder saukalt war, konnten sie in der Scheune Unterkunft finden. Es gab niemanden auf dem Hof, der alleine etwas zu befehlen hatte, wer, was, wann und wie zu tun hätte, oder wann aufgestanden und schlafen gegangen wird. Die Tiere und Menschen auf dem Hof mussten nur Rücksicht aufeinander nehmen, konnten aber ansonsten ein freies und unabhängiges Leben führen.

Bevor ich aber weitererzähle über die großen Veränderungen auf diesem Bauernhof, verursacht durch einen Albtraum von Monsieur Karischaque und dem plötzlichen dicken Bauch von Pferd Kolkopf, möchte ich noch die anderen Bewohner des Hofes vorstellen:

Da gab es den Schafbock John Mädkau, Urenkel von Lord Wintson, welchen wir schon kennengelernt hatten beim Kampf gegen das Pferd Izan. Mädkau war ein rücksichtsvoller, stets kritischer Mitbewohner, der, wenn es sein musste und er davon überzeugt war, dass er im Recht sei, jedem ausnahmslos seine Hörner zeigte. Er hatte vor keinem Angst oder Respekt, nicht einmal vor der ‚berittenen Polizei'. Einzige Ausnahme war sein Freund, der Büffel Marschall, den er als stärkeren Partner akzeptierte, der aber weit weg zu Hause war. John Mädkau war eine sehr kritische Persönlichkeit auf dem Hofe, die alles genau aus sicherem Abstand beobachtete, und wenn der Bock sich vom Hof entfernte, kehrte er immer auf seine geliebte Insel Winland am nördlichen Wiesenrand zurück.

Eine weitere Mitbewohnerin war die Magd Ollanda. Sie war eine fesche, wohlgeformte junge Dame mit einem hübschen geflochtenen blonden Zopf, den sie meist lässig vorne über ihre Brüstung hängen ließ. Meistens trug sie ihre geliebten Holzschlapfen und zur Freude der männlichen Bewohner oft ein Kleid mit weitem Ausschnitt, das ihre hübschen Rundungen wunderbar zum Vorschein brachte. Sie kümmerte sich hauptsächlich um den alten Karischaque und die Stute Kolkopf, wobei ihr das Pferd wesentlich lieber war als der alte Mann mit der stinkenden Zigarre und dem oft lüsternen Blick. Aber eigentlich war sie nie richtig glücklich, da sie wusste, dass sich das Pferd Kolkopf niemals in einen schönen, jungen Prinzen verwandeln würde, und der alte stinkende Karischaque käme sowieso nur für einen Albtraum infrage. In Wirklichkeit konnte sie beide, weder Pferd noch Reiter, besonders leiden, und sie träumte oft von einem freien und unabhängigen Leben auf einem großen Handelsschiff mit einem galanten, feschen Handelskaufmann.

Dann war da noch der Hund Bellolux, ein recht lieber, zutraulicher Hund mit braunem Fell und Abstammungen aus mindestens drei verschiedenen ‚Straßenpartien'. Ein Hund, der sich mit jedem Bewohner auf dem Hof gut verstand. Obwohl der Hund lieb und nett war und sich auf dem Hofe sehr zu Hause fühlte, hatte er eine kleine Besonderheit. Und zwar wusste er nicht, wer sein wirkliches Herrl war. Magd Ollanda kam natürlich nicht infrage, sondern nur der Reiter Karischaque und die Stute Kolkopf. Hund Bellolux entschied sich für beide und rannte sich täglich oft die Lunge fast aus dem Leib. Von einem Herrl zum anderen, und am schlimmsten war es vor allem, wenn Reiter und Pferd getrennt unterwegs waren. An solchen Tagen war Bellolux am Abend dann oft so fertig, dass er fast kotzen musste. Dann war er nur noch zu bemitleiden, ein wirklich armer Hund.

Der Letzte in dieser ersten Gruppe der Bewohner von Bauernhof Blessür war der Esel Giovanni. Er war ein lieber, gutmütiger Freund, der eigentlich gar nicht so störrisch war, wie sein Name und seinesgleichen oft prophezeien. Monsieur Karischaque wäre natürlich viel zu stolz gewesen, um ihn nur versuchsweise einmal zu reiten, und falls er es doch einmal wagen sollte, würde ihm Esel Giovanni maximal ein paar Sekunden im Sattel geben. Giovanni mochte es eben nicht, wenn man auf ihm reiten wollte.

Die Stute Kolkopf konnte den Esel zwar recht gut leiden, aber nur, solange er parierte und das machte, was die ‚Dame' sich wünschte. Andernfalls erhielt Giovanni ihren Schweif mitten ins Gesicht geschleudert, was ihn natürlich sehr erzürnte. Allerdings konnte sich der arme Giovanni gegen das große Pferd kaum wehren und war dadurch gezwungen, auf heimlichen Wegen Rache zu nehmen. Wenn die Stute Kolkopf nicht im Stall war, schlich er sich in ihre Ecke und schiss mitten auf ihr Strohlager, nach dem Motto – Rache ist süß und stinkt fürchterlich. Die

Stute Kolkopf war dann immer so erzürnt, dass ihr schwarzer Kopf ganz rot wurde und sie den schuldigen ‚Eierleger' am liebsten mit den Hufen getreten hätte.

Wie auf jedem Bauernhof gab es natürlich auch noch eine Katze und auf Hof Blessür gab es sogar zwei davon. Da war die weiße Katze und noble ‚Dame' Danemann, eine typische Katze in ihrem Verhalten und Wesen. Ab und zu anschmiegsam und schnurrend der Sennerin Ollanda um die Füße streifend und dann wieder eigensinnig und trotzig irgendwo alleine im Heustadel unterwegs.

Die andere Katze war ein großer Kater mit Augen, die so grün waren wie die Insel, von der er herkam. Kater Wiskie war im Gegensatz zu Frau Danemann ein geselliger Mitbewohner, der nicht ungern einen Schluck zu sich nahm und auf dem Hof Geselligkeit mit den anderen Tieren sehr hoch schätzte. Er hatte auch viel weniger Heimweh als sein Inselnachbar, der Schafbock John Mädkau. Das waren eigentlich alle ersten Bewohner von Blessür, doch einige Jahre später kamen drei weitere Mitbewohner dazu.

Da gab es die Ziege Greta. Sie hatte ein sanftes weißes Fell und war stolze Besitzerin von so schönen blauen Augen, welche die gleiche Farbe hatten wie ein wunderschönes blaues Meer. Sie war eigentlich ein ganz angenehmer Gast und konnte jeden gut leiden. Es gab allerdings eine große Ausnahme, und glücklicherweise war dieser Herr nicht auf dem Hof einquartiert. Dieser Herr, Ziegenbock Kurtie, lebte am südlichen Rand der Wiese und stritt sich andauernd mit Ziege Greta über irgendwelche größeren Steine, die im Wasser herumlagen.

Ihre Hörner schmetterten oft so hart gegeneinander, dass viele Tiere auf dem grünen Feld erstaunt zum Wasser hinüberblickten, was denn dort los sei. Die erstaunten Tiere schüttelten nur ihre Köpfe und verstanden nicht, dass man sich wegen ein paar so doofen Steinen im Wasser die Schädel so zusammenhauen konnte. Das war eben eine Eigenschaft von Ziegen, eigentlich nette Tiere, aber ab und zu verstand man sie einfach nicht.

Mit ihr zusammen kam der Senn und Knecht José, braun gebrannt, schwarzer Schnauzer und kräftige Arme. José war ein echter Tierliebhaber und versorgte die Tiere dementsprechend gut, nur sein Chef, Reiter Karischaque, gehörte nicht unbedingt zu seinen besten Freunden. Immer wieder tadelte er ihn und zwang ihn oft, langsam hinter ihm herzugehen, obwohl er oft hätte schneller gehen können. Zudem musste er dem alten Mann oft in den Sattel helfen, und falls er nicht rasch genug zur Stelle war, erntete er meistens einen zornigen Blick und einen Vorwurf von seinem Chef, und manchmal spürte er sogar die Gerte.

José fragte sich dann oft, ob das der richtige Arbeitsplatz war, den er sich ausgesucht hatte. Falls er dann ganz traurig und unzufrieden war, verschwand er öfters in ein kleines finsteres Zimmer des Bauernhofes. Dort betrank er sich meistens mit ein oder zwei Flaschen dunklen Rotweins, um so seine Trübsal und seinen Kummer zu vergessen. Einige Tiere meinten sogar, dass dieser dunkle schwere Rotwein gar kein Wein wäre, sondern echtes rotes Stierblut, aber das waren wahrscheinlich nur dumme Gerüchte von ein paar Plaudertaschen gewesen.

Der letzte Gast war der Hahn Porto, ein schöner, bunter Hahn, der pünktlich jeden Morgen die ganze Mannschaft aus den Federn holte. Er war eigentlich überhaupt kein aggressiver Typ, so wie es oft seine Artgenossen bewiesen, solange man ihm natürlich sein Revier nicht streitig machte. Wie gesagt, eine gute Seele, dieser Hahn, der auf keinem richtigem Bauernhof fehlen durfte.

Nun, das waren alle bisherigen Bewohner auf Bauernhof Blessür. Das Zusammenleben war friedlich und prosperierend für alle Bewohner. Der Reiter Karischaque machte mit der Stute Kolkopf seine Ausritte, der Knecht José versorgte die Tiere und die Magd Ollanda kümmerte sich um das Essen, und falls notwendig, auch um die Finanzen.

Das Leben auf dem Bauernhof verlief in ruhigen Bahnen und war fruchtbar, ja, man hätte es fast schon als malerisch schön bezeichnen können. Vielleicht zu schön, um für lange wahr zu bleiben. So kam es dann auch, als in einer Nacht, während eines gewaltigen Gewitters, Monsieur Karischaque einen sehr schlimmen Albtraum erlebte. Die Welt auf dem Hof sollte am nächsten Morgen nicht mehr die gleiche sein, wie sie einmal war.

KAPITEL III

Der Reiter Karischaque träumte von seinem verstorbenen Vater Monsieur Delorsch, der früher einmal Reiter und Verwalter von diesem riesigen Hof war. In diesem Traum ritt sein Vater Delorsch auf einem Pferd über die saftigen Felder und grünen Hügel seines Hofes. Die Sonne schien, der Himmel war strahlend blau, kein Wind wehte und alles schien absolut friedlich zu sein.

Doch plötzlich vernahm Monsieur Delorsch ein Geräusch, das sich anhörte wie ein Brummen, oder genauer gesagt, wie ein Summen von tausenden von Insekten. Und tatsächlich kam plötzlich über den östlichen Hügelkamm am Horizont ein Riesenschwarm von summenden Bienen Richtung Monsieur Delorsch angeflogen. Vater Delorsch hielt diese Insekten für die tödlichen Killerbienen Nippongi und war für einen Augenblick wie gelähmt vor Angst, bis er endlich wieder zu sich fand und versuchte, sich und das Pferd in Sicherheit zu bringen.

Der Verwalter Delorsch riss an den Zügeln des Pferdes, gab ihm die Sporen und versuchte, im rasanten Galopp dem Bienenschwarm zu entfliehen. Dadurch aber, dass Delorsch mit seinen Zügeln und seiner Gerte wie wild um sich schlug, machte er die näher kommenden Insekten, eigentlich friedliche Honigbienen, nervös und natürlich auch aggressiv. Kein Wunder also, dass ihn ein paar Bienen erwischten und ihm sein Gesicht und seinen Hintern zerstachen.

Verwalter Delorsch konnte sich gerade noch mit größten Schmerzen und letzter Anstrengung vor dem großen Bienenschwarm retten. Er war sehr erleichtert, als er nach erfolgreicher Flucht den Schwarm aus sicherer Entfernung um einen grünen Baum kreisen sah. Dieser schien sie scheinbar mehr zu interessieren als er und sein Ross. Was Monsieur Delorsch leider entgangen war, war die Tatsache, dass es ganz normale, friedfertige

Honigbienen auf Futtersuche waren. Also keine Nippongi Killerbienen, denn wären es wirklich solche gewesen, dann wäre er wahrscheinlich schon totgestochen worden.

Vater Delorsch, immer noch angeschlagen mit geschwollenem Hintern und roten Wangen, war kaum noch in der Lage, sich im Sattel zu halten. Er stieg vom Pferd, nahm es am Zügel und marschierte Richtung Fluss, um seine Stichwunden zu kühlen. Endlich am Fluss angekommen, stieg Delorsch in das seichte Wasser, ließ seine Hosen runter und kauerte sich ins Wasser, um so seine Bienenstiche am Hintern zu kühlen. Zudem schöpfte er mit seinen Händen etwas Wasser aus dem Fluss und kühlte damit seine geschwollenen roten Wangen. Armer Verwalter Delorsch, aber es sollte noch schlimmer kommen.

Gerade als Monsieur Delorsch seine Hosen hochziehen wollte und er wieder nach vorne blickte, schaute er einem großen braunen Büffel genau in seine dunklen, furchterregenden Augen. Der Büffel, der flussaufwärts gerade Wasser trank, sah dem alten Büffel Marschall aus dem Jenkieland täuschend ähnlich. Jedenfalls näherte sich der Büffel Reiter Delorsch schon im leichten Angriffsgalopp durch das seichte Flusswasser, noch bevor sich dieser in den Sattel schwingen konnte.

Als der Hofverwalter seinem Pferd endlich die Sporen gab, war der Büffel schon gefährlich nahe, unglücklicherweise schon zu nahe. Während Delorsch versuchte, dem heranrasenden Büffel zu entkommen, riss ihm der Büffel mit einem seiner Hörner die Hosen am Hintern auf und verletzte ihn dabei an besagter Stelle. Was Monsieur Delorsch leider auch entging, war, dass der Büffel es gar nicht auf ihn und sein Pferd abgesehen hatte, sondern selbst vor den vermeintlichen Killerbienen auf der Flucht war. Dabei kam es eben zu dieser unabsichtlichen Verletzung vom Verwalter Delorsch.

Monsieur Delorsch ritt, was das Zeug hielt, und wunderte sich aber ein bisschen, warum ihn dabei der Büffel überholte, ohne weitere Notiz von ihm zu nehmen. Und als der Büffel dann in eine andere Richtung wieder verschwand, was er aber leider nicht mehr mitbekam, hatte er bereits den Weg zum Hof erreicht. Er gab seinem armen Pferd weiterhin die Sporen und

Gerte, so fest er konnte, um das sichere Eingangstor zum Hof so rasch wie möglich zu erreichen.

Der Schweiß perlte ihm über sein Gesicht und in seinen Augen konnte man die pure Panik und Angst erkennen. Delorsch hatte Todesangst um sich und seinen geliebten Hof. Und während er noch dahin ritt, überlegt er sich bereits, wie er sich und seinen Hof in Zukunft vor diesen gefährlichen Nippongi Killerbienen und dem angriffslustigen Büffel schützen könnte.

Ja, das wäre die Lösung, ein riesiger Zaun um den Hof, oder noch besser eine riesige Mauer. Das Ganze müsste so sicher sein wie eine Festung, und auch das Haus selbst müsste man zumauern, starke robuste Tore einbauen und man dürfte sie niemals unbewacht offen lassen.

… Plötzlich hörte Monsieur Karischaque den Hahn Porto krähen und er bemerkte erst nach einiger Zeit, dass alles nur ein Traum war. Doch er selbst war immer noch schweißgebadet und dachte lange darüber nach, was er alles geträumt hatte.

Monsieur Karischaque zitterte zwar nicht mehr vor Angst wie sein Vater Delorsch im Traum, trotzdem überlegte er sich, was dieser Traum für eine große Bedeutung für ihn und den Hof haben könnte? Karischaque entschlüsselte den Traum als seine große Aufgabe, den Bauernhof und die Felder vor den vermeintlichen Nippongi Killerbienen und dem großen Büffel, wer weiß wie viele es von denen noch in diesem Jenkieland gibt, zu schützen, koste es, was es wolle.

Er sprach also nicht viel am Morgen beim Frühstück mit seiner Magd Ollanda, nur dass er in nächster Zeit etwas Geld für den Bau eines riesigen Zauns um den Hof bräuchte. Außerdem würde das Haus ausgebaut und an den Mauern verstärkt werden müssen, sowie auch neue starke, verriegelbare Tore eingebaut werden müssen. Magd Ollanda, die sich um die Finanzen des Hofes kümmerte, sie kam nämlich aus einer traditionellen Geldhändlerfamilie namens Buisenberg, meinte nur, man könne nur so viel ausgeben, wie man eben in der Kasse habe. Frau Buisenberg hielt nicht viel davon, noch mehr Schulden zu machen, aber Monsieur Karischaque hatte zum Geld eine etwas ‚andere' Beziehung.

Noch am gleichen Tag begann der alte, dürre Mann mit dem Bau eines Zauns um den Hof und dessen Felder. Der Zaun war natürlich viel zu hoch, zu engmaschig und überdimensional und kostete viel zu viel Geld. Trotzdem wurde dieser Schutzzaun in relativ kurzer Zeit fertiggestellt und Monsieur Karischaque fühlte sich erst danach wieder halbwegs sicher. Als Nächstes kamen der Hof selbst und der Stall an die Reihe. Und aus einem lockeren Gefüge von einer Scheune mit offenem Tor, einem Stall und einem Wohnhaus entstand ein mächtiger Vierkanthof, der einer kleinen Festung ähnlich schaute.

Erst jetzt fühlte sich Karischaque wieder ganz sicher vor diesen vermutlichen Feinden und konnte nun wieder auf seinem Pferd Kolkopf Oberwachtmeister in seinem Revier spielen. Das Leben auf dem Hof schien wieder friedlich und sicher zu sein und niemand, vor allem nicht Monsieur Karischaque, musste sich vor den Nippongi Killerbienen oder den Büffeln aus Jenkieland fürchten.

Nachdem dieses Sicherheitsproblem des Hofes endlich gelöst war, wurde aber der Hof mit einem weiteren, sich ständig vergrößernden Problem konfrontiert. Nämlich dass alle Tiere in den letzten Jahren älter und träger wurden, mehr Heu und Getreide fraßen und immer weniger auf den Feldern arbeiteten, um den Bauernhof zu bewirtschaften. Kurz, auf einen Nenner gebracht, könnte man sagen, dass die Tiere und Menschen auf dem Hof über ihre Verhältnisse gelebt hatten. Bald würde es aber an der Zeit sein, diese angehäuften Schulden zurückzuzahlen, und das bedeutete natürlich für alle mehr Arbeit, weniger Futter und weniger Freizeit.

Ein großer Teil der Hofarbeit lag natürlich beim Pferd Kolkopf, das je nachdem, wie viel und schnell es arbeitete, Geld in die Kasse von Ollanda Buisenberg brachte. Ja, Monsieur Karischaque mochte zwar Oberpolizist spielen, wenn er ritt auf Blessür, aber wie viel und wie schnell auf dem Hof gearbeitet wurde, bestimmte immer noch das Pferd Kolkopf selbst.

Da nützte nicht einmal seine Reiterpeitsche, um den Lauf der Wirtschaft auf dem Hof zu verändern. Stute Kolkopf bestimmte Arbeitsgeschwindigkeit und Lebensrhythmus auf dem Hofe. Selbstverständlich gaben auch die anderen Bewohner des Bauernhofes ihr Bestes und arbeiteten sehr hart. Doch ihr

Einfluss auf die getane Arbeit und das erbrachte Volumen war nur begrenzt, alles Wirtschaften auf dem Hof hing letztendlich von der Geschwindigkeit und Ausdauer des Pferdes Kolkopf ab.

Und gerade in dieser harten Zeit schlich sich eines Nachts die Stute Kolkopf heimlich aus dem Stall und trabte Richtung Osten, dorthin, wo sie das Wiehern eines Hengstes hörte. Sie war läufig und wünschte sich nichts mehr als ein Fohlen. Der Hengst Gorbakopf wartete schon sehnsüchtig auf sie und war zur Paarung bereit. Nach einem kurzen gemeinsamen Ausritt in den östlichen Wiesen außerhalb des Hofes kam die Stute im Morgengrauen wieder auf den Hof zurück. Und sie war sehr glücklich und natürlich trächtig.

Es dauerte nicht lange, bis die anderen Tiere auf dem Hof bemerkten, was passiert war. Der Bauch von Kolkopf wurde immer größer und sie konnte dadurch natürlich jeden Tag etwas weniger lang und hart arbeiten. Die Tiere auf dem Hof konnten jedoch die Mutterfreuden von Kolkopf nicht unbedingt teilen. Erstens, weil ja gearbeitet werden musste und sie nun das Tempo zu sehr verlangsamen mussten, und zweitens, weil sie einfach ohne zu fragen vom Hof abgehauen war und selbst entschied, ein Fohlen zu bekommen. Schließlich bekam sie dann ein Fohlen, getauft auf den Namen Honektraum, und anschließend kam ihre Arbeit auf dem Hof fast ganz zum Stillstand.

Die Bewohner von Blessür waren nicht besonders erfreut über diesen Zuwachs von Kolkopf. Da einerseits die Stute Kolkopf sich ihrer Meinung nach zu viel um sich selbst und ihr Fohlen Honektraum kümmerte und weniger um das Wohl des Hofes als Ganzes bemüht war, und andererseits, wenn das Fohlen einmal ausgewachsen sein würde, vom Futter, das man für diesen Mitesser anfangs zusätzlich brauchte, gar nicht zu reden, man zwei Pferde auf dem Hofe haben würde, auf die man aufpassen müsste.

Nun war es eben passiert und der Bauernhof musste mit den Mutterfreuden der Stute Kolkopf leben und das Fohlen Honektraum mitversorgen. Obwohl den größten Teil dieser Arbeit ohnehin Mutter Kolkopf selbst besorgte, die ihr Fohlen nahezu mit Milch überschwemmte, ja fast darin ersäufte. Das war aber gerade auch jene Milch, die der Hof sehr gut hätte brauchen können. Diese Eigenwilligkeit und Sturheit brachte der Stute Kolkopf nicht unbedingt zusätzliche Freunde auf dem Hof, doch der Reiter Karischaque hielt stets zu ihr und kümmerte sich nach wie vor um das Pferd und das Fohlen.

Reiter Karischaque brauchte das Pferd ja noch, denn ohne Pferd wäre sein Ruf und seine Macht als Polizist gleich unbedeutend bis Null gewesen, da seine schwachen Beine ihn wohl nicht weit getragen hätten. Außerdem könnte er, falls er es schaffen würde, das Pferd Kolkopf zu kontrollieren, auch den Lauf der Wirtschaft auf dem Hof bestimmen. Somit hatte Kolkopf stets einen sicheren Freund, mit allen seinen Hintergedanken natürlich, der sich aber stets freundlich und hilfsbereit um sie kümmerte. Der Rest der Bewohner von Blessür sah diese Freundschaft zwar eher kritisch, aber dennoch als ein notwendiges Übel. Denn gegen diese zwei Großen zusammen war jeder Einzelne auf dem Hof absolut machtlos.

Unverständlicherweise gerade in dieser schwierigen Zeit für den Hof und deren Bewohner, als alle hart arbeiteten mussten, um ihre angehäuften Schulden zurückzuzahlen, klopften drei neue Besucher an, die unbedingt auf Hof Blessür arbeiten und leben wollten.

Nein, diese drei neuen Gäste waren nicht besonders dumm oder komplett gedankenlos, nein, sie sahen nur den beinahe undurchdringlichen Zaun um den Hof und die Felder und wollten keinesfalls ‚draußen vor der Tür' ungeschützt verhungern. Sicherlich waren sie auch ein bisschen neugierig und wollten wissen, wie das wohl sichere und sorgenfreie Leben auf dem Hof so sei. Der kleine blonde Bursche von den drei Neuen war zudem noch Schulabbrecher und Pferdeliebhaber und hatte daher einen weiteren triftigen Grund für sein Kommen.

Nun sah aber die Zukunft außerhalb des Hofes eigentlich gar nicht so schlecht aus, doch die drei neuen Mitglieder konnten jetzt nicht mehr umkehren, denn das Tor hinter ihnen hatte sich bereits wieder geschlossen. Reiter Karischaque kam schon auf der Stute Kolkopf angetrabt und teilte die Neuen gleich zur Arbeit ein. Gleich eine ordentliche Arbeit würde verhindern, dass die drei Neuankömmlinge auf dumme Gedanken kämen und es sich noch einmal anders überlegen könnten.

KAPITEL IV

Die Erste von den drei neuen Mitgliedern war die Gans Schwenska. Sie war prächtig groß gewachsen und in einem wohlgenährten Zustand. Sie besaß ein strahlend weißes Federkleid und hatte eigentlich keine Absichten ein ‚größeres' Tier zu sein, als sie tatsächlich war. Sie verstand sich mehr oder minder mit allen Nachbarn von Anfang an recht gut, mit der kleinen Ausnahme von Nore. Nore war ein junger Knabe mit braunem Haar, ihr ehemaliger Nachbar, der ihr noch den Vogel zeigte, als sie sich entschieden hatte, von der freien grünen Wiese auf den Hof zu gehen. Aber jetzt war sie diesen lieben Lümmel ja endlich los, da er ja nicht mitkommen wollte auf diesen wunderbaren Bauernhof.

Die Zweite dieser Neuankömmlinge war auch eine Dame namens Sinlanda, eine Henne, die, wie der Hahn Porto, auf keinem Hofe fehlen durfte. Die braune Henne Sinlanda kam aus einer relativ gefährlichen Gegend, dort, wo es noch zahlreiche Wölfe und Bären in der Nähe gab und zudem nicht besonders viel zu fressen. Für sie bot der Hof den idealen Schutz vor diesen gefährlichen Fleischfressern und die paar Körner, die sie zum Leben brauchte, gab es hier auf dem Hof auch in Hülle und Fülle. Eine wirklich kluge Henne, diese Sinlanda.

Der Dritte im Bunde war das Wolferl, ein junger blonder Bursche, der aus einem kleinen Dorf aus den Bergen kam. Wolferl wurde eingestellt als Stallbursche und sollte sich eigentlich um alle Tiere gleichermaßen kümmern, so wie der Knecht José. Nur war das Wolferl halt ein unheimlicher Pferdeliebhaber und kümmerte sich halt am liebsten nur um die schwarze Stute Kolkopf und deren Fohlen Honektraum. Die anderen Tiere sahen das natürlich nicht allzu gerne und waren daher auch ein bisschen eifersüchtig auf die Stute Kolkopf, dass dieser Stallbursche nur an diesem Pferd klebte. Nicht von ungefähr kam es daher, als

Wolferl wieder einmal den Mist von Kolkopf mit den Händen aus dem Hof entfernte, dass er glatt den Spitznamen ‚Kolschiss' erntete, unter dem er fortan leben musste.

Nicht zu Unrecht, denn falls das Wolferl wieder einmal Heimweh in seine Berge hatte, oder Unterstützung brauchte, er sich meistens an das starke Hinterbein von Kolkopf klammerte, jammerte und um Hilfe bat. Ein wirklich armes Bürschlein, dem die anderen Tiere oft gerne geholfen hätten, doch anscheinend schien er sie nicht zu verstehen. Wolferl lebte mit der Überzeugung, lieber einen großen Freund zu haben, den man verstand, als viele mögliche Freunde, bei denen man sich hätte bemühen müssen, um sie zu verstehen. Wolferl war halt noch sehr jung und naiv und hatte in der Schule leider auch nie richtig gelernt, wie man sich mit den anderen Tieren richtig verständigen konnte. Er dachte sich, einfachheitshalber ist es wohl am besten für ihn, wenn er sich einfach blind an das Pferd Kolkopf klammerte.

Wolferl war in der Schule immer sehr ordentlich und lernte brav. Seine Lehrerin Maria-Theresia war immer sehr zufrieden mit seiner Leistung, allerdings mit einer kleinen Ausnahme – Geschichte. Dieses Lehrfach interessierte den Burschen einfach nicht und er schaute jede Geschichtsstunde lieber aus dem Fenster und betrachtete die bunten, saftigen Wiesen, anstatt der Lehrerin zuzuhören. Dabei hätte sie ihm wirklich was Wertvolles mitgeben können, etwas, von dem er höchstwahrscheinlich noch das ganze Leben hätte profitieren können.

Sie erzählte von Wolferls Urgroßvater, Franz-Josef, der mit seinem Freund Wilhelm bei einem Pferderennen ums Leben kam. Sie meinten beide, sie könnten bei diesem Rennen um Leben und Tod die ganze Tierwelt schlagen, und wurden dabei, nachdem sie beide stürzten, von den nachfolgenden Tieren überrannt und getötet.

Auch Wolferls Großvater Karl kam durch einen Pferdeunfall ums Leben, als er sich gezwungenermaßen entschied, den Hengst Izan zu betreuen, statt zu fliehen oder gegen ihn zu kämpfen. Sein Großvater Karl kam schlussendlich mit dem Hengst Izan am Ende seiner Herrschaft mit ums Leben, als die auf die Wiese zurückkehrenden Tiere dem Hengst den Todesstoß gaben.

Der Vater von Wolferl war damals noch ein junger Waisenknabe, doch die siegreichen Tiere hatten ihn sehr lieb und kümmerten sich um ihn wie um ihr eigenes Kind. Vor allem der Büffel Marschall bot ihm wohlwollend seine Unterstützung und Hilfe an. Ihm hatte es Wolferls Vater vor allem zu verdanken, dass er so groß und stark geworden war, und nicht einem Pferd.

Was die liebe arme Lehrerin Maria Theresia dem Wolferl im Geschichtsunterricht beibringen wollte, war die simple Tatsache, dass beide, sein Urgroßvater und Großvater durch Unfälle mit Pferden ums Leben kamen. Das bedeutet für ihn nichts anderes, als dass er verdammt vorsichtig sein sollte, wenn er in ihrer Nähe ist, und immer darauf achten sollte, dass er stets genügend Sicherheitsabstand zu ihnen hatte.

Doch Wolferl hörte leider nie richtig zu und verbrachte früher schon, bevor er noch auf den Bauernhof ging, seine Zeit am liebsten mit Pferden. Dass die anderen Tiere auf dem Hof keine besonderen Pferdeliebhaber waren, störte Wolferl nicht sonderlich, denn er fürchtete sich alleine und sehnte sich jetzt auf dem großen Hof noch mehr nach einem starken ‚Bruder'.

Leider kümmerte sich in Wolfers Familie niemand darum, dass er auf eine höhere Schule kam und die Sprachen der anderen Tiere ordentlich erlernte, um sie so besser zu verstehen und um sich besser mit ihnen verständigen zu können. Sein Vater meinte nur, die Pferdesprache sei ausreichend, ja, eigentlich sowieso das Beste, während ihre eigene Sprache, Dialektes, zum Vergessen wäre. Wolferl glaubte seinem Vater blind aufs Wort und versuchte, diese Pferdesprache so perfekt zu erlernen und zu beherrschen, wie nur möglich. Eine ab und zu wirklich schwierige Aufgabe.

Das gelang ihm natürlich nur, wenn er vollkommen vergaß, wer er war und woher er stammte. Die Sprache der Pferde war relativ glatt, fad und unmusikalisch, so ähnlich wie ein braunes Postpaket mit glatten, geraden Flächen und exakten, scharfen Ecken und Kanten. Diese ‚Pakete' so faltenfrei zu formen und zu schnüren, kosteten das arme Wolferl einige Jahre seines Lebens, doch letztendlich schaffte er es doch.

Vor allem half ihm dabei sein Vater, der ihm ständig beibrachte, dass ihre eigene Sprache Dialektes keine richtige Sprache wäre und er sie so schnell als möglich vergessen sollte, nur die Pferdesprache würde wirklich zählen. Eigentlich schade, denn dabei wäre ihre eigene Sprache Dialektes so musikalisch, bunt und abwechslungsreich wie die Wiesen und Berge in ihrer Heimat, und die ‚Pakete' wären farbig, kreativ und vielseitig gewesen. So ähnlich etwa wie das verrückte bunte tolle Haus, das ein Herr namens Tausendwasser in ihrem Dorf gebaut hatte und von vielen von nah und fern bewundert wurde.

Wolferl erlernte die Pferdesprache zwar recht gut, doch für sein Selbstvertrauen war diese Sprache der glatten Pakete natürlich gar nicht gut. Erstens, weil er gar nicht mehr wusste, wer er wirklich war, ein Fohlen oder doch ein Junge, und zweitens, weil sogar das dümmste Pferd dem Wolferl ein X für ein U vormachen konnte. Oder es furzte einfach nur, und Wolferl meinte, das Pferd hätte etwas Wichtiges zu ihm gesagt. Das Wolferl sah leider nur die glatt geschnürten Pakete der Pferdesprache und schenkte daher den Inhalten keine große Bedeutung mehr, weil die Pakete ja rein äußerlich voll in Ordnung waren. Ob dann in diesen sauberen und glatten ‚Pferdepaketen' nur gähnende Leere war, Müll oder wirklich was Wichtiges, spielte für Wolferl kaum mehr eine Rolle. Denn er hatte bereits vorher das nach schulischer Vorschrift geschnürte, glatte Paket schon als etwas Besseres und Höherwertiges als sein eigenes buntes Paket Dialektes akzeptiert.

Somit hatten die Pferde leichtes Spiel mit Wolferl, der ja noch ein bisschen dumm und unerfahren war, der aber seine Lektion in Geschichte auf diesem Hof nachgeliefert bekommen würde.

KAPITEL V

Das Leben auf dem Bauernhof nahm seinen üblichen Lauf und das Leben der Bewohner, inklusive der drei Neuen, des Stallburschen Wolferl, der Gans Schwenska und der Henne Sinlanda, verlief recht harmonisch. Alle arbeiteten recht fleißig, die Schulden des Hofes wurden stetig verkleinert und Karischaque unternahm auf der Stute Kolkopf seine üblichen Ausritte. Die allerdings, seit sie ihr Fohlen Honektraum bekam, ein bisschen sturer und eigenwilliger geworden war, aber den Anweisungen von Reiter Karischaque nach wie vor brav gehorchte.

Wolferl musste nach den Ausritten Kolkopf immer absatteln, waschen, trocken reiben und natürlich auch ausmisten. Manchmal durfte er sie auch füttern, falls der Knecht José nicht da war oder José einen guten Tag hatte. Da sich Stallbursche Wolferl, auch als Kolschiss auf dem Hof bekannt, dauernd nur um die Pferde Kolkopf und Honektraum kümmerte und sich eigentlich nur mit diesen unterhielt, erfuhr er natürlich erst als Letzter auf dem Bauernhof vom großen Geheimnis von Reiter Karischaque.

Wie hatte Wolferl das erfahren? Sein alter Jugendfreund Grüezi vom Nachbarbergdorf hatte ihm ein kleines Brieferl geschrieben. Er fragte ihn, wie es ihm so gehen würde auf dem Bauernhof, und berichtete ihm das Neueste aus den Bergen und wünschte ihm alles Gute. Außerdem hat er ihm noch das Geheimnis von Monsieur Karischaque verraten, das Grüezi wiederum von seinem Vater, einem erfahrenen Banker, erfahren hatte.

Anscheinend hatte sich der alte Karischaque arg verspekuliert und sich dabei die Finger ordentlich verbrannt, aber wie gesagt, es waren nur Gerüchte. Doch falls die Hausbank des Hofes, die Hundesbank, das erfahren würde, wäre eine beinharte Untersuchung und Revision der Finanzen des Bauernhofes fällig.

Jeder auf dem Hof wusste, was das bedeuten würde, und keiner auf dem Hof wünschte sich einen weiteren Besuch dieser kaltschnäuzigen Banker. Der letzte Besuch vom Bankchef persönlich, Herrn Tresinger, und seinem Adjutanten Herrn Schittmeier war allen noch in bester Erinnerung.

Die Banker schrieben ihnen einen beinharten Fünfjahresplan für die Arbeit auf dem Hof vor, und zusätzlich sollte es für einige nur noch Schon- oder sogenannte Magerkost geben. Diese Kost, genannt Währungsschlüze, schmeckte einigen Tieren so schlecht, dass sie das den Bankern der Hundesbank einfach nicht verzeihen konnten. Denn außer dieser zähen Währungsschlüze sollte es für die ‚glücklich' Erwählten auf Hof Blessür überhaupt nichts anderes zu essen geben. Somit konnte das Kotzen der ersten Bewohner beginnen und die sehnten sich natürlich nach Rache.

In einigen Fällen vertrugen die Tiere diese Schonkost so schlecht und mussten sich derart erbrechen, dass man sogar den Tierarzt auf den Hof holen musste. Dr. George Horos war ein guter und bekannter Veterinär, der die Tiere, wie auch die Menschen, untersuchte und meistens rasch erkannte, wo es dem einen oder anderen fehlte. Dem Schafbock John Mädkau musste er sogar überraschend einen Liter Blut ablassen, der zwar anfangs gar nicht damit einverstanden war, später aber sehr glücklich über diesen Aderlass war. Tierarzt Dr. Horos hatte nach der Schonkostumstellung auf Währungsschlüze enorm viel Arbeit auf dem Hof, war fast jeden Tag gezwungenermaßen anwesend und musste dem Hof daher auch fortlaufend saftige Rechnungen nach erfolgreichen Behandlungen stellen.

José erzählte dem kleinen Kolschiss, das war noch vor Wolferls Zeit auf dem Hof, dass einige Bewohner des Hofes den beiden Herren von der Hundesbank bei der Verabschiedung vom Hof noch eins ordentlich ausgewischt hätten. John Mädkau, der Schafbock, rammte den Bankchef höchstpersönlich und dieser flog mitsamt seinem noblen Nadelstreif und Bankköfferchen mitten auf den Misthaufen. Anschließend wurde er auch noch von Porto, dem Hahn, attackiert und flüchtete kopfüber vom Hof.

Er selbst, José, kümmerte sich um Schittmeier, den Adjutanten, bewarf ihn vom Heuboden aus mit einigen Strohballen und holte dann noch den Esel Giovanni, der dem Banker noch den

Rest besorgte. Giovanni biss und schlug ihn mit seinen Hufen und verfolgte ihn noch bis zu den äußeren Toren des Hofes.

Während José dem Wolferl diesen triumphalen Sieg seines Hofes über den Geldapparat erzählte, glänzten seine Augen und seine Stimme vibrierte so, wie sie der kleine Wolferl eigentlich gar nicht kannte von dem sonst so ruhigen Zeitgenossen. Allerdings meinte José, wäre er etwas enttäuscht von den anderen gewesen, denn sie hätten den Bankern nur zugehört und sie ordentlich bedient. Die hätten sich von diesen Klugscheißern alles sagen lassen, was sie zu tun hätten, um ihren Hof ordentlich zu führen. Als ob sie das nicht selbst besser wüssten. Jedenfalls war er, José, von diesen Anpassern ziemlich enttäuscht gewesen und meinte, dass man sich im Leben einfach nicht alles gefallen lassen dürfte, so wie er und seine Freunde es bewiesen hatten.

Genau dasselbe dachten sich auch die geflüchteten Banker Tresinger und Schittmeier, die so erzürnt waren über diese Währungsschlüze-Essverweigerer und Aggressoren, dass man ihrer Meinung nach diesen Querulanten einen Monat lang überhaupt nichts zu essen geben sollte. Vielleicht wären sie dann froh, wenn sie nur irgendetwas zu essen hätten, wenn es auch nur zähe Währungsschlüze wäre. Jedenfalls kehrten die Revoluzzer auf dem Hof zu ihrer gewohnten Kost zurück, was ihnen die Banker natürlich niemals verziehen. Nur die Anpasser und ‚Braven' auf dem Hof wollten diese zähe Währungsschlüze fressen und das gewohnte Leben auf dem Hofe konnte seinen Weitergang finden.

Nun zurück zum Geheimnis vom Reiter Karischaque und der Angst der Bewohner des Hofes, dass beim nächsten Besuch der Banker ein noch härterer Arbeitsplan mit noch weniger Ausgaben für ihre Verpflegung auf sie zukommen würde.

Der alte Mann hatte anscheinend einen Teil seines Geldes bei einem Spekulationsobjekt eingesetzt und wahrscheinlich alles verloren. Sein Enkel, ein wahrlich schlechter Banker, und wahrscheinlich noch schlechterer Berater, hatte ihn dazu überredet. Das Projekt, so meinte sein Enkel Credilion, sei eine todsichere Sache. Der Großvater glaubte ihm natürlich, investierte in das Projekt und leider auch noch in ein paar andere Empfehlungen, in der Hoffnung darauf, saftige Gewinne daraus zu erzielen.

Dieses Spekulationsobjekt, genannt Eurobrummel, war die erste Brücke von der Insel von Lord Winland über den Fluss Banal auf die grüne Wiese. Die Brücke sollte, so meinte sein Neffe Credilion jedenfalls, durch die Abgaben der zahlreichen Pendler über die Brücke finanziert werden und zusätzlich noch einen riesigen Gewinn abwerfen.

Doch der Bau von Eurobrummel verteuerte sich fast stündlich und der arme Karischaque musste noch mehr Geld für seine waghalsige Spekulation riskieren. Nach langen Jahren des Wartens war die Brücke endlich fertiggestellt, und der Enkel Credilion versprach seinem Großvater siegessicher, dass das Geld nun fließen würde und er keine Angst mehr um sein eingesetztes Geld haben müsste.

Doch leider floss das Geld gar nicht in Strömen wie versprochen, und Enkel Credilion ließ sich beim alten Karischaque kaum mehr blicken. Auch die anderen Projekte, für die der alte Reiter seinem Privatbankier Geld borgte, verliefen überhaupt nicht gut, und der liebe Credilion kam immer mehr in Bedrängnis, irgendetwas musste geschehen.

Dann, an einem sonnigen Sonntagmorgen mitten im Mai, brach plötzlich und unerwartet ein riesiges Feuer im Haus des Enkels aus. Wie das passieren konnte, war leider nicht mehr feststellbar, obwohl das Haus zur Zeit des Feuerausbruchs leer stand. Herr Credilion war zur fraglichen Zeit gerade in der Sonntagsmesse in der Kapelle Sakri Kör, und obwohl zahlreiche Feuermelder installiert waren, brannte das schöne alte Haus bis auf die Grundmauern ab. Dabei wurden leider auch zahlreiche wichtige Unterlagen und Dokumente vernichtet, was natürlich sehr bedauert wurde.

Einige Zeit war seit diesem Brand schon vergangen, doch der arme Reiter Karischaque hatte sein Geld immer noch nicht zurückbekommen und sein Enkel Credilion ließ sich natürlich auch nicht mehr bei ihm blicken. Karischaque rechnete eigentlich nicht mehr damit, dass er sein Geld, das er bei ihm investiert hatte, jemals wiedersehen würde, und sah sich daher gezwungen, sich nach einer neuen Geldquelle umzusehen. So kam es auch, dass er mit zunehmendem Interesse die Sennerin

Ollanda Buisenberg verfolgte, welche die Hofkasse führte und diesen Geldbeutel stets sicher zwischen ihren beiden festen Brüsten mit sich trug.

Die meisten Bewohner des Hofes kannten natürlich die Geldsorgen von Monsieur Karischaque und seine zunehmend lüsternen Blicke auf die Magd und Sennerin Ollanda. Allerdings hatte niemand damit gerechnet, dass er es eigentlich auf das zwischen ihren Brüsten abgesehen hatte, und nicht wirklich auf ihre prallen, feschen Erhebungen.

Die Einwohner von Blessür witzelten ab und zu über den alten geilen Bock, der ihre Sennerin Buisenberg verführen wollte. Doch sie behielten dieses Geheimnis stets für sich und sorgten vor allem dafür, dass die Gerüchte über seine Geldsorgen nicht außerhalb des Hofes verbreitet wurden. Allerdings wusste aber auch schon der Vater von Wolfers Freund Grüezi Bescheid, und wenn dieser Banker das schon wusste, würde es wahrscheinlich nicht mehr allzu lange dauern, bis ihre Hausbank, die Hundesbank, ihren nächsten Kontrollbesuch ankündigen würde.

Noch war der Himmel blau und die Sonne stand strahlend hoch am Himmel, nichts schien das ungetrübte Leben auf dem Bauernhof zu stören. Alles ging seinen gewohnten Lauf und nicht einmal die Hundesbank rührte sich. Was die Bewohner des Hofes Blessür noch nicht wussten, war, dass diese Stille die Ruhe vor einer großen Veränderung auf dem Hof war. Und diese große Veränderung kam nicht von ihrer Hausbank, der Hundesbank, dem Reiter Karischaque oder dem Pferd Kolkopf, sondern von dem sonst so ruhigen, zurückhaltenden Schafbock John Mädkau.

KAPITEL VI

Zugegeben, Schafbock John Mädkau war nicht immer ganz ruhig und zurückhaltend. Vor allem dann nicht, wenn er sich ungerecht behandelt fühlte, dann konnte er absolut jedem die Hörner zeigen. In diesen Tagen nämlich musste sich Schafbock Mädkau beschuldigen lassen, dass er winzige Wollflöhe in seinem Fell mit sich herumtrage.

Sogenannte Wahnsinnsflöhe, mit denen er sich und seine Nachbarn auf dem Hofe anstecken und sie dadurch in den Wahnsinn treiben könnte, was unter Umständen sogar bis zum Tode führen könnte. John Mädkau hielt das natürlich für einen kompletten Unsinn und viele Tiere auf dem Hof wussten nicht mehr so recht, wem sie glauben oder was sie tun sollten. Sollten sie den Schafbock in Zukunft meiden oder gar schneiden oder nach wie vor mit ihm verkehren?

Auf dem Hof war jedenfalls der Teufel los und alle Bewohner rannten panisch kreuz und quer, so als ob jeden die Wahnsinnskrankheit schon befallen hätte. Alle miteinander waren sie fast ausnahmslos so hysterisch, vergleichbar mit einer alten Dame, welche auf einem hohen Stuhl Schutz vor einer harmlosen weißen Maus sucht.

Die große Mehrheit der Bewohner des Bauernhofes beschloss jedenfalls aus Sicherheitsgründen, Schafbock John Mädkau zu isolieren. Mädkau wurde relativ brutal kahl abgeschoren, er sah anschließend recht blass und nackt aus, und danach in eine separate Box in der Scheune des Hofes eingesperrt. Dort musste er so lange verweilen, bis sich die anderen Bewohner auf Blessür einig waren, wie es mit ihm und der Wahnsinnskrankheit weitergehen soll.

Dem nackten Schafbock Mädkau gefiel es in dieser einsamen Box natürlich gar nicht gut, vor allem, weil er Tag und Nacht dort drinnen bleiben musste. Besonders im Sommer, da es doch so heiß und schwül war, und er viel lieber auf der Wiese im kühlen Schatten einer Kastanie gelegen wäre. John hatte dabei sehr viel Zeit, um nachzudenken, und er erinnerte sich an die Zeit von früher, als er noch alleine und unabhängig auf der Insel Winland graste. Damals war er frei und unabhängig, konnte tun und lassen, was er wollte, und niemand konnte ihm irgendwelche Vorschriften machen.

Dort gab es niemanden, der ihn einfach in eine Box in einer stickigen Scheune sperren konnte und ihn zudem noch bis auf die Unterhosen kahl abrasierte. Das war wirklich zu viel für seinen stolzen und unabhängigen Charakter. Einsam, in dieser abgelegenen Box, während einer langen schwülen Sommer-Vollmondnacht, sollte auch John Mädkau einen bedeutenden Traum erleben. Diese Nacht würde sein Leben verändern und der nächste Morgen wäre ein anderer als alle bisherigen zuvor.

Mädkau träumte von seiner Mutter, Baronin Flätscher, die, so wie er, in einen Stall gesperrt wurde und sich sehr einsam fühlte. Obwohl sie eine Dame war, war sie um vieles sturer und stärker als ihr Sohn John und ihre Hörner mit rötlichem Glanz waren um einiges größer und härter als die seinen. Auch hatten die Tiere auf dem Hof bei Weitem mehr Respekt vor ihr als vor ihrem etwas schmächtigen und ruhigeren Sohn John, der nur ganz selten vor lauter Zorn rotsah.

John Mädkau beobachtete in seinem Traum, wie seine Mutter, Baronin Flätscher, in den Stall gebracht wurde, weil sie sich weigerte, die Schonkost Währungsschlüze zu fressen, welche die Banker der Hausbank dem Hof verordnet hatten. Diese Schon- und Magerkost sollte unbedingt von allen Bewohnern des Hofes gegessen werden, denn dadurch würden sie weniger Futter brauchen und würden damit helfen, die Kosten für den Hof deutlich zu senken.

Nach erfolgreicher Beendigung dieser Schonkostkur, die in etwa fünf Jahre lang dauern sollte, würden dann alle Bewohner des Bauernhofes auf ein neues Wunderfressmittel umgestellt werden. Dieses Universalfutter, welches noch um ein Vielfaches besser sein sollte als die alte Schonkost, wurde von den Bankern schon emsig vorbereitet und sollte auf wundersame Weise das Leben auf dem Hofe bedeutend verbessern.

Anscheinend hatten die Banker nicht nur Theologie, sondern auch Biologie studiert und wussten genau, was jedem Tier und Menschen auf dem Hof am besten schmecken würde. Dass sie zudem ein Universalfutter gefunden hatten, das nicht nur jedem schmecken würde, sondern auch noch den idealen Nährwert plus Vitamine beinhaltete, kam man nicht darum herum, daran zu glauben, dass es anscheinend doch noch Wunder auf dieser Erde gab.

Diese Wundernahrungsmittel wären für alle Bewohner des Hofes gleich gut geeignet, vom Hahn Porto bis zum Pferd Kolkopf, und vom Knecht José bis zur Ziege Greta. Allen sollte es gleich gut schmecken und jeder sollte davon stark und satt werden.

Der Hof würde sich dadurch enorm viel an Ausgaben sparen, weil nur noch ein Futtermittel für alle Bewohner des Hofes gebraucht werden würde. Die Banker der Hausbank nannten dieses Wundermittel ehrfurchtsvoll Fleuro, absolut bestes Nahrungsmittel für jedermann auf Hof und Feld. Die waren sich scheinbar ziemlich sicher.

Frau Flätscher hatte jedenfalls schon mit der vorbereitenden Schonkost Währungsschlüze arge Darmprobleme und weigerte sich in ihrer Sturheit, diese bittere Kost zu fressen. Die Banker und der damalige Verwalter des Hofes und Vater von Reiter Karischaque, Monsieur Delorsch, wurden sehr zornig mit ihr, als sich dieser sture Schafbock ständig weigerte, die Schonkost aus dem Eimer zu fressen.

Sie wurde dann, wie gesagt, in diesen Stall gebracht und mit einem Ultimatum versehen, um ihr noch eine letzte Chance zu geben. Als das Ultimatum abgelaufen war, kamen die Banker und Monsieur Delorsch in die Scheune, holten seine Mutter aus dem Gebäude heraus, banden sie an einen Pfahl und stellten den Eimer mit der Währungsschlüze vor sie hin.

Als Monsieur Delorsch dann noch ein scharfes Schlachtmesser in seine Hand nahm und dieses in Richtung Kehle von Frau Flätscher wanderte, bedurfte es keiner Überredungskunst mehr und der sture Schafbock fraß wie befohlen die Schonkost sauber auf. Die Banker und Verwalter Delorsch schienen zufrieden zu sein und führten sie an der Leine wieder in den Stall zurück.

Als sich die Stalltür wieder schloss, hörte John Mädkau in seinem Traum ein lautes, sterbendes Blöken seiner Mutter Flätscher und sah, wie sie im Traum mit durchgeschnittener Kehle am Boden der Scheune lag. Das Blut rann noch in Strömen aus ihrer offenen Wunde und das blutige Schlachtmesser lag nicht weit von ihr am Boden. John Mädkau erkannte in seinem Traum nicht genau, wer seine Mutter abgestochen hatte, doch wahrscheinlich war es der Verwalter Delorsch, der auf dem Hof bereits einen miserablen Ruf als Hobbyschlächter hatte. Mädkau wusste nur, dass seine Mutter alles getan hatte, was man ihr befohlen hatte, und trotzdem wurde sie kaltschnäuzig abgeschlachtet.

John Mädkau erwachte sehr unruhig aus seinem Traum und spürte, wie sich sein Hals dermaßen verengt hatte, dass er anfangs fast keine Luft mehr bekam. Er blickte aus dem kleinen Fenster in der linken oberen Ecke seiner Box, betrachtete den Vollmond und die vielen leuchtenden Sterne am nächtlichen Himmel und dachte sich, nein, mit mir nicht. („F..k this shit, I am the f..k out of here!")

Schafbock John Mädkau drehte sich um, betrachtete die hölzerne Tür der Box ganz ruhig und gelassen, senkte seinen Kopf mit den Hörnern und startete durch. Im ersten Anlauf bereits zerschmetterte er die Tür entzwei und mit einem weiteren kräftigen Satz sprang er durch das geschlossene Fenster auf den Hofplatz und trabte unverzüglich auf die Wiese Richtung Norden. John Mädkau rannte, was das Zeug hielt, und fühlte sich dabei so verdammt wohl und frei, wie er es bisher nicht kannte. Er konnte Stunden rennen, ohne müde zu werden, bis er schließlich an den äußeren Zaun des Hofes ankam. Ein letzter großer Satz und die Freiheit hatte John Mädkau zurückgeholt.

Natürlich machte er sich sofort auf den Weg zu seiner geliebten Insel Winland am nördlichen Rand der Wiese und war schon nach kurzer Zeit am Wasser des Flusses Banal angekommen. Und anstatt die Eurobrummel-Brücke zu benutzen, schwamm er lieber durch den Fluss. Er war so voll Energie geladen, dass er unbedingt zurück in seine Heimat schwimmen wollte. Und während er durch diesen Fluss schwamm, begann er mit Tränen in den Augen sein Lied zu singen. Dieses Lied war für ihn weit mehr als eine Hymne, dieses Lied war seine Vergangenheit und Zukunft, dieses Lied gab ihm sein Selbst wieder zurück, er, John, der der er wirklich war. *It's coming home, it's coming home ...*

Angekommen auf der Insel, vollzog er noch zahlreiche Freudensprünge, bis er sich dann im Morgengrauen, zum ersten Mal seit sehr langer Zeit in absoluter Freiheit, im Schutze eines großen Kastanienbaumes zum Schlaf niederlegte. Am folgenden Morgen wurde John Mädkau von zwitschernden Singvögeln und den ersten warmen Sonnenstrahlen aufgeweckt. Seine Augen strahlten immer noch voller Freude und bald würde er diesen Albtraum von Hof Blessür vergessen haben.

Die Bewohner von Hof Blessür wussten am nächsten Morgen natürlich sofort Bescheid, als sie die leere Box von John Mädkau und das zersprungene Fenster in der Scheune entdeckten. Ja, nun hatten sie ein wichtiges Mitglied in ihrer Gemeinschaft verloren, andererseits hatten sie sich auch des Problems mit den Wahnsinnsflöhen entledigt, da der Verursacher jetzt ja nicht mehr da war. Die Dinge auf dem Hof konnten wieder ihren gewohnten Lauf nehmen, Reiter Karischaque konnte mit seinem Pferd Kolkopf wieder die üblichen Ausritte unternehmen, während die restlichen Hofbewohner ihrer gewohnten Arbeit nachgingen. Niemand auf dem Hof schien sehr traurig gewesen zu sein, nachdem das Problem John Mädkau von Blessür verschwunden war.

KAPITEL VII

Die Geldsorgen von Monsieur Karischaque waren zwar immer noch nicht verschwunden, doch den Banken schien es noch nicht der Mühe wert zu sein, den Hof zu besuchen. Sie gaben sich damit zufrieden, dass die meisten Bewohner die Schonkost Währungsschlüze fraßen und der Hof seinen Arbeitsplan zur Tilgung der Bankschulden einhielt.

Doch danach hatten die Herren Großes vor, denn sie wollten, wie schon vorher bereits berichtet, den Hof auf ein komplett neues Universal-Wunderfressmittel umstellen. Dieses Fleuro-Futter wäre eine Art Kraftmehl, das jeder Bewohner des Hofes essen konnte, gut schmecken würde und den Hof noch wirtschaftlicher machen würde. Ob dieses Futtermehl Fleuro der Henne Sinlanda genauso gut schmecken würde wie dem Stallburschen Wolferl, wussten die Herren in der Hausbank auch nicht mit hundertprozentiger Sicherheit. Aber es würde auf alle Fälle die Futter- und Lagerkosten senken und das Leben auf dem Hof vereinfachen, dadurch, dass alle das Gleiche fressen würden, und das wäre eben viel wichtiger.

Zusätzlich würde dieses Universalfutter die Gemeinschaft auf dem Hofe verbessern, denn wenn alle den gleichen Dreck fressen müssen, würde das den Zusammenhalt und die Solidarität untereinander verbessern. Diese überhaupt nicht logische Folgerung konnte allerdings nur dadurch entstehen, da es anscheinend keine Soziologen unter diesen gescheiten Bankern gab.

Nimmt man zum Beispiel eine große Familie beim Mittagstisch, in unserem Fall Vater Karischaque und Mutter Kolkopf und den Rest der Mannschaft als Kinder am Tisch. Mutter Kolkopf bringt nun dieses übel riechende Futtermehl Fleuro in einem großen Topf auf den Tisch. Die Kinder verziehen natürlich sofort ihre Gesichter, obwohl sie alle vor dem Essen noch groß den Mund aufgerissen hatten, dass sie das Essen sicherlich probieren würden und auf alle Fälle essen würden. So wie kleine Kinder eben sind.

Die Eltern behaupten natürlich nach wie vor, dass es gut schmecken würde und dass sie es gefälligst probieren und essen sollen. Jeder, der in einer großen Familie aufgewachsen ist, kennt aus eigener Erfahrung, dass es immer Kinder gibt, die tun, was man ihnen sagt, und andere, oftmals Widdergeborene, die natürlich stur verweigern. Diese hartnäckigen Essensverweigerer konnten die Eltern oft nur dadurch zufriedenstellen, dass ihnen der Weg zum Kühlschrank freigegeben wurde, um eben dort ihren Hunger anderswertig stillen zu können.

Und dann begann der Affenzirkus erst richtig loszugehen, wenn ein Kind dem anderen Anpasser und Arschkriecher vorhielt, oder den Verweigerern vorgeworfen wurde, sie wären heikel und arrogant. Kurz, aus dem friedlichen Mittagessen wurde eine wilde Rauferei, und falls dann dem Vater oder der Mutter noch die Hand ausrutschte, war das ganze Essen zum Teufel. Es endete meistens damit, dass die Eltern alleine am Tisch zurückgelassen wurden und sie ihr ‚gutes' Essen alleine ‚genießen' durften. So viel zur gemeinschaftsbindenden Theorie eines Universalfraßes.

Die Bewohner auf dem Hof waren natürlich nicht ganz so optimistisch wie diese Herren in Grau sowie auch Reiter Karischaque und Pferd Kolkopf, die beide meinten, dieses Wundermehl Fleuro wäre eine gute Sache. Für die anderen Tiere war es einfach schwer vorstellbar, dass jedem dieses Wundermehl Fleuro gut schmecken würde.

Zudem würde es auch noch täglich genau proportioniert werden. Was ist aber, wenn einmal ein Hofmitglied einen großen Hunger haben würde, weil es hart gearbeitet hatte, aber trotzdem nur die gleiche Portion bekäme wie gestern. Oder jemand war faul und schlief morgens immer lange, der oder die bekäme dann trotzdem immer noch die gleiche Portion an Futtermittel. Und was wäre, wenn z. B. einigen Bewohnern, wie etwa der Gans Schwenska oder dem Esel Giovanni, dieses Fleuro-Mehl gar nicht schmecken würde. Dann hätten sie gar keine andere Wahl, als den Hof zu verlassen und das Futter zu suchen, das sie gerne fressen würden, wie z. B. Körner oder Heu.

Es hatte ganz den Anschein, dass es den Bankern und den zweien, Karischaque und Kolkopf, wichtiger war, dieses Wunderfressmittel Fleuro einzuführen, als die Gemeinschaft auf dem Hof zu erhalten. John Mädkau hatte man ja schon vertrieben und wer würde wohl der Nächste sein?

Und außerdem, wer wäre denn zuständig für die Verteilung des Futters Fleuro, das angeblich relativ fad und trostlos schmecken sollte. Wäre es die Magd Ollanda Buisenberg, die sich ja auch um die Finanzen des Hofes kümmerte, oder wäre es Reiter und ‚Hobbypolizist' Karischaque, oder gar das Pferd und ‚Schwerarbeiter' Kolkopf? Schlimmstenfalls könnten es sogar die Herren in Nadelstreif von der Hundesbank sein, ein wahrer Albtraum für die meisten Tiere auf dem Hof.

Stallbursche Wolferl verstand die ganze Aufregung auf dem Hofe nicht und dachte sich, solange er in der Nähe seines geliebten Pferdes Kolkopf blieb, könne nicht viel schiefgehen. Er verfolgte den ganzen Wirbel um dieses Wundermittel Fleuro ziemlich gleichgültig, kein Grund zur Panik. Kolschiss hat leider nie ein Leben ohne Pferdefutter erfahren und wusste somit nicht, wie es schmecken würde, wenn er, anstatt wie das Pferd Heu und Hafer, einmal eine Wurstsemmel oder ein Käsebrot kosten würde. Naives Wolferl meinte eben, was gut für das Pferd wäre, wäre auch gut für ihn. Anscheinend hatte das Wolferl in der Schule nicht nur in Geschichte geschlafen.

Das blonde Wolferl dachte sich eben, was der Stute Kolkopf schmeckte, würde auch ihm guttun, vielleicht würde er dann eines Tages auch einmal so groß und kräftig werden. Folglich schaute er der Einführung des Wunderfutters Fleuro recht gelassen entgegen. Denn auch sein Freund, die Stute Kolkopf, meinte, wenn es hilft, die Finanzen und Gemeinschaft auf dem Hof zu verbessern, wäre das eine gute Sache. Wolferl nickte zustimmend und übersah dabei leider die Tatsache, dass, auch wenn alle Bewohner des Hofes gezwungen würden, das gleiche Übel zu fressen, dies noch absolut kein Grund für mehr Freundschaft und Zusammenarbeit untereinander wäre.

Vor allem ging es ja Kolkopf und dem Reiter Karischaque darum, dass sie ausreiten und Polizei spielen konnten, während der Rest der Mannschaft auf dem Hof bleiben musste. Das ganze Leben auf dem Bauernhof konzentrierte sich zunehmend auf diese Beziehung zwischen dem Reiter Karischaque und der Stute Kolkopf. Würden sie sich eines Tages nicht mehr verstehen, so würde das Leben auf dem Hof für alle sehr schwierig werden, weil die beiden ja das Zentrum darstellten. Würde dieses Herzstück auseinanderbrechen, wäre das ganze Hofleben für die Tiere bedeutungslos, da sich alle auf diese Gemeinschaft verlassen hatten. Das Leben der anderen Bewohner hatte sich dieser Gemeinschaftsbeziehung dermaßen angepasst und unterworfen, dass ein Leben auf dem Hof nach einer möglichen Trennung als sinnlos betrachtet werden konnte.

Doch diese Befürchtungen waren unbegründet und wahrscheinlich übertrieben, da sich Reiter Karischaque und Stute Kolkopf nach wie vor sehr gut verstanden und sie sich beide bemühten, ein friedliches Leben auf dem Hof zu erhalten. Klar, die Hauptdarsteller waren natürlich sie beide und der Rest des Hofes durfte die Nebenrollen besetzen, und solange jeder dieses Rollenspiel anstandslos befolgte, konnte es eigentlich keine Probleme auf Hof Blessür geben.

KAPITEL VIII

Das Leben auf dem Bauernhof verlief weiterhin in ruhigen Bahnen und man hatte sich eigentlich schon an das Fehlen von Schafbock John Mädkau gewöhnt. Bald würde es an der Zeit sein, den Bauernhof von der Schonkost Währungsschlüze auf das Wundermehl Fleuro umzustellen. Nicht alle auf dem Hof schauten dieser Umstellung mit besonderer Freude entgegen, doch jeder versicherte natürlich, wie sehr er sich schon darauf freuen würde und er es bestimmt auch essen würde. So wie halt Kinder eben sind.

Würde nämlich das Wundermittel Fleuro sofort eingeführt werden, so hätten sie nie mehr die Möglichkeit, etwas anderes zu fressen als dieses trockene Mehl. Viele von ihnen träumten nachts von einem riesigen langen Esstisch mit lauter leckeren Sachen zum Fressen. Blutroter Wein und Fisch für Knecht José, mindestens zehn verschiedene Körnersorten für die Henne Sinlanda, die Gans Schwenska und den Hahn Porto, Knochen und Würstel für den Hofhund Bellolux, Milch und Mäuse für die Katzen Danemann und Wiskie, Heu, frisches Gras und Stroh für den Esel Giovanni und die Ziege Greta, einen trockenen Rotwein mit einem Baguette und Camembert für Monsieur Karischaque, frischer Gouda Käse und Bier für die Magd Ollanda sowie Hafer und Heu für das Pferd Kolkopf.

Stallbursche Wolferl hatte keine Träume vom Essen, da er ja gewöhnt war, nur Hafer und Heu zu essen, und dass ihm früher einmal etwas anderes schmeckte, war schon zu lange her, um sich daran zu erinnern. Stattdessen schlich er sich abends oft aus dem Hof Richtung Zaun und ließ dort seinen Blick Richtung Berge schweifen, nach dort, wo er einmal zu Hause war. Manchmal, wenn das Wetter ganz klar war, konnte er sogar sein Dorf erkennen.

Als er dann in einem Wachtraum seinen alten Jugendfreund Grüezi mit seinem Freund Nori auf einer freien Wiese unbekümmert spielen sah, bekam er so sehr Heimweh, dass er anfing zu heulen. Wolferl wünschte sich so sehr, dass er über diesen Zaun springen könnte und zu seinen unbekümmerten Freunden auf der grünen Wiese laufen könnte.

Aber Wolferl war immer noch ein sehr ängstliches Kind, tat immer das, was man ihm auftrug, und traute sich nicht einmal, davon zu träumen, so wie es Schafbock John Mädkau tat, über den Zaun zu springen und dem Hof für immer ‚lebe wohl' zu sagen. Er war ja aber auch noch nicht so lange weg von zu Hause und er wollte seinen Eltern ja beweisen, dass er es in der Ferne zu was bringen würde. Und wenn er jetzt schon zurückkäme, wären sie vielleicht enttäuscht von ihm, und das wollte er unter keinen Umständen.

Doch unser kleiner Stallbursche wurde schon gerufen von Monsieur Karischaque, um der Stute Kolkopf noch einen Eimer voll Wasser zu bringen. Armes Wolferl, wischte sich die Tränen aus den Augen und marschierte traurig Richtung Hof zurück.

Als dann die letzten bunten Herbsttage verstrichen waren und das Laub der Bäume den Hof bedeckte, spürten die Tiere auf dem Hof, dass es nicht mehr lange dauern würde, bis der große Futterwechsel kommen würde. Als dann die ersten Schneeflocken fielen, hatte man schon einen Tag für die Einführung des Wundermehls Fleuro bestimmt. Es sollte der erste Tag nach Sylvester sein, also am ersten Neujahrstag. Na dann, Prosit Neujahr, dachten sich heimlich die meisten Mitglieder auf dem Hof mit einem bitteren Galgenhumor.

Vorher, also am Sylvester-Abend, sollte es aber noch einmal eine große Konferenz mit den Bankern der Hundesbank und allen Mitgliedern auf dem Hof geben. Dabei würde noch einmal über die große Futterumstellung gesprochen werden.

Der große Tag der Konferenz war angebrochen und auf den Feldern lag schon fast stiefelhoher Schnee. Die Nadelstreif-Boys wurden in ihren schwarzen Limousinen herangekarrt, während die Mannschaft vom Hof bereits in der eingeheizten warmen Bauernstube auf sie wartete. Der alte Karischaque saß beim Kachelofen, die Füße überschlagen, und zog dabei gemütlich an seiner stinkenden Zigarre Mortemuroa, während der Rest der Mannschaft um den Stubentisch versammelt war.

Die Banker mit ihren noblen Anzügen kamen alle in die Stube hereinspaziert, wobei ihr neuer Chef und früherer Stellvertreter, Herr Schittmeier, dem Knecht José und dem Esel Giovanni einen mürrischen Blick zuwarf. Anscheinend hatte er die letzte Verabschiedung immer noch nicht ganz vergessen. Mittlerweile war die gute alte Stube voll von lauter Bankmanagern und ihr Boss Schittmeier setzte sich als Chefverhandler unverzüglich an die Mitte des Tisches.

Der Hundesbankchef hatte einen großen ledernen schwarzen Aktenkoffer mitgebracht und, zur Überraschung aller Anwesenden, zauberte er eine Kostprobe des Wundermehls Fleuro aus dem Inneren hervor. Während dann der Herr Chef Schittmeier seine Eröffnungsansprache hielt und die Anwesenden mit seinem Studienschwerpunkt Theologie erfreute, durften alle Bewohner des Hofes eine Kostprobe aus dem Fleurosackerl entnehmen.

Einige der Kostprobennehmer mit empfindlichen Gaumen mussten sofort raus zum Gemeinschaftskotzen, andere, die es nicht mehr vor die Türe schafften, kotzten aus dem Fenster in den weißen Schnee. Herr Schittmeier, gut sitzend zwischen der feschen Magd Ollanda Buisenberg und der Stute Kolkopf, ließ sich aber nicht beirren und fuhr mit seiner Rede fort.

Stallbursche Wolferl saß an der Ecke des Tisches, überlebte die Kostprobe unversehrt und beobachtete das ganze Treiben mit großen, staunenden Augen. Vor allem als gegen Ende der Ansprache die Hand vom Bankchef zu seiner Nachbarin Ollanda hinüber wanderte und sie die Hand wohlwollend annahm. Auch die Stute Kolkopf, neben Schittmeier sitzend, beobachtete dies mit einem Schmunzeln, denn Schittmeier als Liebhaber war ihr auch hundert Mal lieber, als wenn der alte Karischaque an Magd Buisenberg rumfummelte.

Die Eröffnungsrede von Hausbankchef Schittmeier hatte endlich ihr Ende gefunden und die Mitglieder des Hofes wurden gebeten, eventuelle Einwände zur Einführung des Wunderfutters Fleuro zur Sprache zu bringen. Und sonderbar, obwohl jeder früher immer beteuerte, wie sehr er sich auf dieses Futter freuen würde, begannen wie aus einem Wolkenbruch fast alle Hofbewohner, mit Ausnahme von Wolferl natürlich, loszubrüllen, was ihnen dabei alles nicht passen würde. Sogar der alte Reiter Karischaque erhob sich von seinem Bankerl beim Kachelofen und presse sich an den Tisch zwischen Ollanda und Hundesbankchef Schittmeier. Monsieur Karischaques Absichten waren aber weniger auf die Diskussion gerichtet, als vielmehr darauf, dass er die Hände Schittmeiers von seiner geliebten Ollanda wegbekam.

Als dann der Hundesbankchef noch anbot, den Geldbeutel des Hofes zu verwalten, welcher bis dato zwischen den Brüsten von Frau Buisenberg hing, sah der sonst eher zurückhaltende Monsieur Karischaque endgültig rot. Auf gar keinen Fall meinte er, wie soll ich denn dann noch zu meinem Geld kommen, dachte er sich und schloss sich der Meinung der meisten anderen Bewohner am Tisch an, dass die Zeit für dieses Wundermittel Fleuro noch nicht reif sei. Stute Kolkopf versuchte vergeblich, ihren treuen Reiter umzustimmen, doch Monsieur Karischaque blieb hart.

Als schließlich die Verhandlungen wegen unüberbrückbarer Differenzen zum Abbruch verurteilt schienen, machte einer der anwesenden grauen Banker einen verhängnisvollen Vorschlag. Und zwar meinte er, man sollte doch die Einführung dieses Wunderfutters Fleuro um zwei Jahre verschieben und während dieser Zeit würde es auch keine Schonkost Währungsschlüze mehr geben. Somit hätte jeder Bewohner von Hof Blessür noch einmal eine letzte Möglichkeit, das zu essen, was ihm wirklich schmecken würde. Danach wären sie zufriedener und würden die Einführung dieses Trockenmehls besser vertragen. Anschließend aber, nach dieser zweijährigen Frist, würde das Wundermittel Fleuro beinhart und kompromisslos eingeführt werden.

Nach kurzer Stille brach plötzlich eine laute Zustimmungslawine sämtlicher Hofbewohner los, die zwei Jahre Ferien auf sich zukommen und ihre sehnsüchtigen Träume doch noch in Erfüllung gehen sahen. Sogar der Bankchef, der eigentlich dagegen war, wurde von seinen Kollegen überstimmt und der Vorschlag wurde mit großer Mehrheit angenommen. Die Bewohner von Blessür konnten ihrem Schicksal noch einmal entrinnen, sie hatten noch einmal zwei Jahre Aufschub bzw. Ferien bekommen, bevor sie nur noch das Wundermittel Fleuro essen durften.

Dieses eine Mal durften die Bankmanager unbehelligt abreisen, auch weil die Bewohner von Blessür so glücklich und zufrieden waren, dass sie gar keine Notiz mehr von ihrer Abreise nahmen. Wobei einige der Banker sehr verärgerte Gesichter hatten, als sie in ihren blanken Limousinen wieder abschwirrten. Der Sylvester-Abend wurde so feucht wie nie zuvor auf Hof Blessür gefeiert und es wurde getanzt, getrunken und gesungen. Es war ein Fest wie nie zuvor, und man hörte dazwischen immer wieder einige singen und rufen: „Hurra, zwei Jahre Ferien!"

Die Tiere und Menschen auf Hof Blessür tranken und sangen so fröhlich und munter, dass sie sogar die Jahreswende um 12 Uhr Mitternacht übersahen. Natürlich wurde, sobald das Pferd Kolkopf auf die Uhr hingewiesen hatte, das Zeremoniell des sich gegenseitig Umarmens und Küssens sofort nachgeholt. Anschließend wurde aber sofort weitergetrunken, fast wie bei einem Wettkampf, hätte man meinen können.

Als das ganze Geschehen langsam anfing auszuarten, zogen sich die ersten nicht geschulten Trinker zurück und wünschten den Verbliebenen noch ein gemütliches Zusammensein. Unter den ersten Bettgehern waren unter anderem auch Karischaque und Kolkopf, die nicht allzu viel vom reichlichen Trinken hielten und zudem nicht so einen riesigen Freudendurst hatten wie der Rest der Mannschaft.

Gegen Ende der Nacht zeichnete sich bereits das Siegestrio des jetzt zum Wettkampfsaufen ausgearteten Sylvester-Abends ab, und anscheinend wollte sich keiner von ihnen mit dem dritten Platz auf dem Siegerpodest zufriedengeben.

Glücklicherweise löste sich dieses Problem, als Magd Ollanda eine Flasche Schnaps Nachschub holen wollte und eine frische Sauerstoffbrise ihr, gerade aus der Bauernstube kommend, den Boden unter ihren Füßen entzog. Drinnen in der Stube war nur ein leichtes Rumpeln und kapitulierendes Schnarchen von

Ollanda zu hören und die zwei Verbliebenen sahen sich in die Augen, beide für die Entscheidung um den Sieg bereit.

Man setzte die verbliebenen Schnapsgläser ein letztes Mal an und kurz darauf hörte man Gans Schwenska rufen: „Ich bin ein Schwan, ich bin ein Schwan", sah sie dann durch das offene Fenster fliegen und anschließend mit dem ersten vollen Sauerstoffschub sogleich senkrecht abstürzen. Ihr gefiederter, molliger weißer Hintern verblieb noch als Markierung auf der Schneeoberfläche, ansonsten war sie im winterlichen Weiß verschwunden. Der vom Schwanengesang aufgeweckte José durfte sie dann nach der Bruchlandung bergen gehen, wobei er sie nicht allzu sanft am Hals mit hängendem Kopf durch den Schnee schleifend in den Stall brachte.

Die grünen Augen des in der Bauernstube verbliebenen Champions des Abends funkelten voller Freude und Stolz, und Kater Wiskie strahlte über das ganze Gesicht. Er war nicht nur Trainingsweltmeister von der grünen Insel, was er sich immer wieder anhören musste, sondern ganz klar auch der wahre Weltmeister, zumindest in dieser Sylvesternacht.

KAPITEL IX

Erster Feiertag im Jahr zwei vor der Apokalypse. Die Tiere und Menschen auf dem Hof waren alle noch ziemlich verkatert mit einem schweren Hangover vom Vortag und sehnten sich einem doppelten Aspirin-Frühstück entgegen. Einige von ihnen fragten sich, ob sie das alles nur geträumt hätten, oder ob es wirklich wahr wäre, dass sie jetzt zwei Jahre Ferien hätten.

Natürlich würde wieder gearbeitet werden so wie früher und es wären auch keine Ferien im üblichen Sinne, dass jeder nur zu faulenzen bräuchte. Der große Unterschied zu früher wäre allerdings, dass es keine beschissene Schonkost Währungsschlüze mehr gäbe und die Mitglieder des Hofes wieder essen und trinken konnten, was ihnen wirklich schmecken würde. Und dann war das Arbeiten auf dem Hof ja ganz was anderes, so wie halt ‚Ferien' auf dem Bauernhof.

Die Stimmung auf dem Hofe verbesserte sich schlagartig, denn dadurch, dass sich nun jeder wieder vernünftig und zufrieden ernähren konnte, war die Stimmung freundlich und alle kamen bestens miteinander aus. Zudem war auch der Druck ihrer Hausbank nicht mehr vorhanden, unter dem sie früher ständig leiden mussten, laufend kontrolliert wurden, wie viel sie arbeiteten und verzehrten. Damals wurde, je nach Gutdünken der Bank, jedem Hofmitglied unterschiedlich viel Schonkost Währungsschlüze zugeteilt, ohne dass diese aber ein Mitspracherecht gehabt hätten.

In den folgenden zwei Jahren Ferien konnte aber niemand, nicht einmal die Hundesbank, befehlen, wann und wie viel gearbeitet oder ausgeruht wurde oder was man essen und trinken durfte. Somit konnte jedes Hofmitglied essen und trinken, tun und lassen, was es wollte. So wie es früher einmal der Fall war, vor der Umstellung auf die Schonkost Währungsschlüze.

Es arbeiteten auch manche mehr und andere weniger, aber das störte eigentlich keinen auf dem Hof besonders, solange jedes Mitglied sich selbst ausreichend versorgte und den anderen nicht zur Last fiel. Nur durften die Schulden des Hofes nicht größer werden, denn die Hausbank überwachte immer noch die Finanzen und Schulden des Hofes.

Ein milder warmer Frühling mit den ersten Schneeglöckchen und gelben Schlüsselblumen löste den ersten Ferienwinter auf Bauernhof Blessür ab. Die Bewohner vom Hof waren in ihrer Freude so glücklich, dass sie die Existenz des Wundertrockenfutters namens Fleuro schon beinahe vergessen hatten.

Am ersten Sommertag unternahm Monsieur Karischaque seinen üblichen Ausritt auf der Stute Kolkopf. Knecht José und Wolferl kümmerten sich fürsorglich um die Tiere. Hund Bellolux rannte noch mehr als früher seinen beiden Herrchen hinterher, die Katzen Danemann und Wiskie genossen das schöne Katzenleben, Esel Giovanni und Ziege Greta fraßen zufrieden das saftige grüne Gras und die Gefiederten, Hahn Porto, Henne Sinlanda und Gans Schwenska, gackerten zufrieden und pickten den ganzen Tag ihre Lieblingskörner und was sie sonst noch fanden. Am Anfang dieser Ferienzeit waren alle auf dem Hofe sehr glücklich und zufrieden, und nichts schien dem gemütlichen Treiben auf dem Bauernhof etwas anhaben zu können. Die Mitglieder auf Hof Blessür genossen im wahrsten Sinne eine romantisch schöne Zeit.

Nur der kleine Wolferl schien nicht ganz so hundertprozentig glücklich zu sein. Erstens hatte er ein bisschen Heimweh in die Berge, und zweitens, weil er ja nach wie vor das gleiche Futter aß wie die Stute Kolkopf, also Heu, Gras und Hafer, ihm dadurch das Glücksgefühl vom eigenen Futter natürlich fehlte.

Folglich konnte Wolferl natürlich gar nie erfahren, wie gut es schmecken würde, wenn man Nahrung zu sich nehmen würde, welche zu einem passt und wirklich gut und lecker schmecken würde. Statt Heu und Hafer zum Beispiel eine Milch mit einem Käsebrot oder ein Saftgulasch mit Semmelknödel oder Käsknöpfle mit Kartoffelsalat und Apfelmus, und zum Nachtisch noch einen flaumigen Kaiserschmarren.

Armes kleines Wolferl konnte halt seine alte Gewohnheit, die ihm schon sein Vater beigebracht hatte, einfach nicht so leicht loswerden und aß weiterhin, so wie das Pferd Kolkopf, Heu und Hafer. Wenn er doch nur probierte, wie gut etwas anderes schmecken könnte.

Was man nicht kannte, vermisste man eben nicht, ganz einfach, und dies galt auch für das kleine Wolferl. Aber was ihn in diesen Ferien und schon früher am meisten störte, war, dass er mehr und mehr zum Putzer und Misteinsammler eingeteilt wurde. Er bekam nämlich noch die Aufgabe aufgebrummt, jeden Morgen die Straße bzw. den Durchgang vom Hof zum Stallgebäude vom Mist, den die anderen Tiere hinterlassen hatten, zu reinigen.

Diesen Weg vom Hof in den Stall, oft vor lauter Schmutz und Dreck kaum mehr erkennbar, nannten sie Schmirol, und der wurde vor allem vom Pferd Kolkopf und dem Esel Giovanni verschissen. Der kleine Bub ärgerte sich täglich grün und blau darüber, und seinen Spitznamen Kolschiss konnte er schon nicht mehr hören. Doch da gab es kein Entrinnen, der Hof hatte Wolferl dazu eingeteilt, sein Einspruch wurde mit höhnischem Lächeln abgelehnt, und dem kleinen Stallburschen blieb nichts anderes übrig, als den Durchgang Schmirol täglich von der sprichwörtlichen Scheiße zu putzen.

Der kleine hilflose Wolferl hatte leider niemanden, außer der Stute Kolkopf natürlich, zu dem er hätte gehen können, um für Unterstützung gegen diese Ungerechtigkeit zu suchen. Da er die Sprache der anderen Hofbewohner nur schwer verstand und sich mit ihnen auch kaum abgegeben hatte, war er der Hilfsbereitschaft seines Freundes Kolkopf ausgeliefert. So war er also gezwungen, zu seinem einzigen vermutlichen Freund, dem Pferd, zu gehen, das unglücklicherweise leider auch einer der Hauptverschmutzer war.

Wolferl wusste zwar, dass dieses Vorhaben keine besonders gute Idee war, doch ließ ihm die von ihm jahrelang praktizierte Ignoranz der anderen Dorfbewohner und ausschließliche Fokussierung auf das Pferd gar keine andere Möglichkeit übrig. Leider erst jetzt erkannte Wolferl, dass er einen schweren Fehler gemacht hatte, indem er sich um keine anderen Freundschaften auf dem Hof gekümmert hatte und jetzt dem Pferd Kolkopf als Hilfe suchendes Würmlein ausgeliefert war.

Die schwarze Stute Kolkopf war bereits im Stall, als der kleine Wolferl mit hängendem Kopf, abends nach getaner Arbeit, zu ihr in den Stall kam. Er streichelte sie und stellte ihr einen Eimer voll Wasser als Bestechungsgeschenk hin. Der traurige Stallbursche berührte sie am Hinterbein, umarmte es und begann mit seiner Bettelrede.

Armes Wolferl bat die Stute Kolkopf darum, dass sie doch einen anderen Weg zum Stall nehmen solle oder sonst wo, irgendwo auf der grünen Wiese, ihre Sache erledigen könnte. So dass nicht jeden Morgen so viel Dreck auf dem Weg Schmirol liegen würde und er dann nicht so viel zu putzen bräuchte und dadurch ein bisschen angenehmeres Leben hätte.

Doch die Stute Kolkopf war mit Heufressen und Wassertrinken so ausgiebig beschäftigt, dass sie dem wimmernden kleinen Stallburschen kaum richtig zuhörte. Kolkopfs Gedanken waren vielmehr bei ihrem Reiter Karischaque, wie sie ihm weiterhin gefallen könne, um ihn dann, bei einer günstigen Gelegenheit vielleicht doch einmal ‚unabsichtlich' abwerfen zu können, um dann einmal die Zügel selbst in die Hand nehmen zu können. Schließlich wurde der Stute dieser Jammerkasperl zu nervig und sie verpasste mit ihrem Schweif ihm eins mitten ins Gesicht.

Der kleine blonde Bub verstand die Welt nicht mehr, sein einziger vermutlicher Freund auf dem großen Hof schlug ihm mitten ins Gesicht, das musste wohl ein Missverständnis gewesen sein. Noch einmal versuchte Wolferl mit Tränen in den Augen, das Pferd Kolkopf um Hilfe zu bitten, und sprach dabei die Pferdesprache, so gut er es eben in der Schule gelernt hatte, um jede mögliche Undeutlichkeit auszuschließen.

Doch er war noch gar nicht richtig fertig mit seinem Bittvortrag, als er schon im hohen Bogen aus dem Stall flog und auf dem Misthaufen davor wieder landete. Der Stute Kolkopf war es einfach zu blöd geworden, sie bräuchte diesen kleinen unbedeutenden Freund und lästige Anhängsel sowieso nicht wirklich. Das einzig Wichtige für sie war die ungestörte Beziehung zum alten Karischaque, und wenn der einmal vom Pferd fiel oder den Löffel abgab, na dann, dachte sich die Stute, kann mir niemand mehr etwas vorschreiben oder gar etwas befehlen.

Der kleine blonde Stallbursche konnte noch immer nicht glauben, was er gerade erlebt hatte. Als er sich auf dem Misthaufen wiederfand, verschlug es ihm einfach die Sprache. Wie konnte ihm die Stute so etwas antun, ihm, der doch immer so nett und hilfsbereit zu ihr war, alles für sie getan hatte und sich fast ausschließlich mit ihr abgegeben hatte.

Der arme Wolferl war so traurig, dass er die ganze Nacht durch heulte und sich wünschte, dass er wieder zu Hause wäre bei seinen Eltern in den Bergen. Er wäre am liebsten noch in der gleichen Nacht von diesem Bauernhof verschwunden, doch noch traute er sich nicht. Der nächste Tag begann wieder wie gewöhnlich und keiner der Hofbewohner schien den gestrigen Vorfall bemerkt zu haben, und falls doch, maß ihm niemand eine besondere Bedeutung bei, mit Ausnahme vom Wolferl.

Auch er ging wie üblich seiner morgendlichen Putzarbeit nach, schenkte aber dieses Mal dem Pferd Kolkopf nicht einen Blick. Dies war das erste Mal, seit er auf den Hof gekommen war, und es würde noch eine Weile vergehen, bis Wolferl der Stute wieder verziehen haben würde.

Wolferl hatte gestern eine seiner versäumten Geschichtsstunden in der Schule nachgeholt – Pferde sind große starke Tiere und gehen ihren eigenen Weg. Sie brauchen keinen, der sich an sie anhängt, ausgenommen, wer sich freiwillig unterordnet und ihnen dient. Und von ihren gefährlichen, ausschlagenden Hinterbeinen, die nichts für kleine Jungs sind, gar nicht zu sprechen.

Pferde müssen entweder von einem guten und erfahrenen Reiter geritten werden, auf einem Acker den Pflug eines Bauern oder im Wald den Baumstamm eines Holzers ziehen. In freier Natur sind Pferde sehr schwer zu bändigen oder einzufangen, und sie können mit ihren starken Hufen oft mehr zerstören, als ihnen bewusst ist.

Der milde Sommer verabschiedete sich mit einigen heftigen Spätsommergewittern und die ersten bunten Blätter der großen Laubbäume um Hof Blessür kündigten den herannahenden Herbst an. Gerade in dieser idyllischen Zeit bekam der immer noch recht traurige und einsame Wolferl einen Brief von seiner Mutter aus den Bergen. Wolferl freute sich riesig und das erste

Mal, seit er damals auf dem Misthaufen landete, sah man ihn wieder mit einem fröhlichen Gesicht. Seine Mutter schrieb nur einen kurzen Brief, aber die wenigen Zeilen hatten es in sich. Die Mutter vom kleinen Stallburschen, Frau Ostereier, schrieb Folgendes:

‚Liebes Wolferl!
Hier in den schönen Bergen geht es uns allen recht gut. Deine Freunde Grüezi und Nori sehe ich oft auf der grünen Wiese spielen und sie lassen dich beide recht herzlich grüßen. Ich hoffe, dir geht es auch gut auf dem Bauernhof und du bekommst genug zu essen und musst nicht zu viel arbeiten. Hoffentlich bist du glücklich und hast nicht zu viel Sehnsucht nach zu Hause.
Falls doch, und du großes Heimweh in die Berge hast, kannst du jederzeit wieder zurück nach Hause kommen. Wir Eltern, dein Vater und ich, würden uns beide sehr freuen, wenn du wieder nach Hause kommen würdest. Dein Vater hätte für dich sogar schon einen Platz auf einer höheren Schule, wo du viele Sprachen und andere wichtige Dinge lernen könntest.
Jedenfalls wünschen wir dir alles Gute, viel Glück und bleib gesund – deine dich immer liebenden Eltern.'

Wolferl war so glücklich über diesen Brief, dass er vor lauter Freude ein bisschen weinen musste und fortan den Brief bei sich in der Hosentasche trug. Er wusste nun, dass, falls er es auf dem Hofe nicht mehr aushalten würde, er jederzeit nach Hause in die Berge zurückkehren könnte. Und seine Eltern wären glücklich darüber, wenn er wieder heimkehren sollte, und wären trotzdem stolz auf ihn. Das blonde Bürschlein hatte sein fröhliches Lächeln wieder zurückgewonnen, ein sanftes, aber selbstbewusstes Lächeln, das er seit seinem ‚Betriebsunfall' mit dem Pferd Kolkopf verloren hatte.

KAPITEL X

Die ersten Schneeflocken fielen schon auf die bereits gefrorene Erde auf Hof Blessür, als klein Wolferl immer noch fleißig wie eh und je, mit einer Mistgabel und Schubkarette und etwas zu großen Gummistiefeln, unterwegs war. Aber auch die anderen Bewohner von Blessür hatten alle brav und fleißig gearbeitet, und der Hof war, im Großen und Ganzen, recht gut auf den kommenden Winter vorbereitet.

Der zweite Ferienwinter war angebrochen und das erste Jahr der Ferien war eigentlich wie im Flug vergangen. Sylvester wurde ausgiebig gefeiert, aber nicht mehr ganz so stürmisch wie das letzte Jahr. Denn bei einigen Mitgliedern auf dem Hof waren die Gedanken bereits schon zum Teil bei der Einführung des Wundertrockenfutters Fleuro in genau einem Jahr, und das drückte eben ein wenig auf ihre Stimmung.

Am Sylvester-Abend selbst wurde natürlich nicht darüber gesprochen, niemand wollte die gute Laune verderben und jeder aß und trank noch einmal so richtig, was ihm schmeckte. Glücklicherweise war auch von den Bankern der Hausbank nichts zu hören, aber jeder wusste, dass sie sehr emsig damit beschäftigt waren, die Umstellung auf dieses Universalfutter für alle vorzubereiten.

Dieses Fleuro-Trockenfutter wäre dann nicht einmal mit Wasser verdünnbar, was den Hahn Porto oder die Gans Schwenska vielleicht nicht stören würde, aber Knecht José oder Kater Wiskie hätte es vielleicht lieber ein bisschen feuchter. Laut Auskunft der Banker wäre das aber absolut unmöglich, denn aus Kosteneinsparungsgründen darf es nur ein einziges Futtermittel in der gleichen Form für alle geben. Falls einzelne Hofbewohner beginnen würden, selbst Wasser oder anderes dazu zu mischen, geriete das ganze neue Futterprojekt womöglich außer Kontrolle, und wo kämen wir denn dann hin.

Laut der Information der Hausbank war die Kontrolle der Futterausgabe das Wichtigste, aber auch die Futterzusammensetzung war wichtig. Sie durfte ausschließlich und nur von der Bank entschieden werden, natürlich nur zum besten Wohle der Tiere und Menschen auf dem Hof.

Der größte Trugschluss in ihrer Annahme war allerdings, dass sie glaubten, mit einem Universalfutter für sämtliche Bewohner so viel an Kosten zu sparen, dass es die geringere Motivation und dadurch beeinträchtigte Leistung überwiegen würde. Zudem meinten sie, falls ein Bewohner von Blessür weniger arbeiten würde, würde ein anderer dafür einspringen, wenn er das gleiche Fleurofutter dafür bekäme. Doch ihre Annahmen entsprachen leider nicht der Realität, denn die Flexibilität der Bewohner des Hofes war sehr gering und keiner dachte wirklich daran, das zu erledigen, was ein anderer hätte tun sollen.

Die dabei versprochene Belohnung mit Trockenfutter Fleuro würde die verwöhnten Gaumen wohl kaum überzeugen können, irgendetwas anderes zu machen, als sie seit Jahren gewohnt waren, wie z. B. statt auf dem Hof plötzlich auf dem Acker zu arbeiten, oder statt auf dem Feld die anfallende Arbeit im Hofgebäude zu verrichten. Die Tiere und Menschen auf dem Hof wollten nur das machen, was sie auch am besten konnten und seit Generationen gewöhnt waren, und ließen sich nicht austauschen wie einfache Zinnsoldaten.

Die maximale Leistung hätte man nur dann erhalten, wenn man allen das zu essen und trinken gegeben hätte, was ihnen am besten geschmeckt hätte. Dann wären die Motivation und der Output pro Nase am höchsten gewesen und man hätte die ganzen erbrachten Leistungen nur noch optimal koordinieren müssen. Nun, man hätte zwar mehr verbraucht, aber auch bei Weitem mehr geleistet und die Motivation und Zufriedenheit auf dem Hofe wäre bedeutend höher gewesen. Doch niemand wollte von dem etwas wissen und die Banker schritten voran, dieses, leider nicht gemeinschaftsbindende, Universalfutter Fleuro vorzubereiten.

Wie dieses Futter dem einen oder anderen schmecken würde, und wie lange es der eine oder andere mit dem trockenen Mehl

Fleuro aushielt, ohne zu kotzen, war der Hausbank ziemlich egal, Hauptsache, der Termin wurde eingehalten. Wie gesagt, zwei Jahre Ferien, nicht mehr oder weniger, keinen einzigen Tag.

Die Banker in Grau waren nicht unbedingt Tierliebhaber oder verstanden besonders viel von der Landwirtschaft, dennoch hatten sie den Hof mit seinen enormen Schulden in ihrer Gewalt. Sie konnten dabei tun und lassen, was sie wollten, ohne irgendjemandem Rechenschaft schuldig zu sein. Sie konnten, falls sie wollten, jeden auf dem Hof sprichwörtlich bei den Eiern packen, ohne Ausnahme, sogar auch den Reiter Karischaque.

Die Herren in den großen noblen Glaspalästen hatten sich alle galant in diesen zwei Jahren Ferien zurückgezogen, doch nur, um danach wieder umso härter und brutaler zuzuschlagen. Um alle jene, die nicht parieren wollten, so in die Knie zu zwingen, dass ihnen das Weiße aus den Augen vergehen würde.

Es war zwar jedem klar, dass Reiter Karischaque und die Stute Kolkopf die absoluten Chefs auf dem Bauernhof waren, doch auch sie unterstanden den Göttern in Nadelstreif, und die waren niemandem außer sich selbst Rechenschaft schuldig. Wer also ein sorgenfreies Leben auf dem Bauernhof Blessür haben wollte, musste diesen Göttern in der Hausbank Folge leisten und ihnen natürlich ab und zu huldigen.

Auch Wolferl verstand dieses Gesetz einwandfrei und war als Musterschüler bei den Übermenschen in Grau sehr beliebt. Vor allem, weil er auch früher zumindest ein guter Freund von Stute Kolkopf gewesen ist, und dieses Pferd wiederum auch dem Chef der Hundesbank Schittmaier sehr nah am Herzen lag, und das half natürlich auch.

Am ersten Neujahrstag schneite es heftig und Wolferl freute sich über die Schneeflocken sehr. Es erinnerte ihn an die Zeit zu Hause in den Bergen, wo es um diese Zeit oft so viel Schnee hatte, dass er mit seinem Freund Grüezi riesige Schneemänner und Schneeburgen bauen konnte. An diesem Tag wurde nicht gearbeitet, und so brauchte der blonde Stallbursche auch den stets verdreckten Durchgang Schmirol nicht zu reinigen. Stattdessen wurde am Nachmittag eine große Schneeballschlacht veranstaltet.

Mittlerweile hatte Wolferl gezwungenermaßen auch die anderen Bewohner auf dem Hof ein wenig näher kennengelernt und angefangen, ihre Sprachen ein bisschen besser zu verstehen und zu sprechen. Aber natürlich erst, nachdem er von seinem großen ‚Freund' auf den Misthaufen geschleudert wurde und er den wahren Wert dieser Freundschaft erkannte.

Wolferl musste feststellen, dass man sich eigentlich mit den anderen Hofbewohnern auch hervorragend unterhalten und verstehen konnte, und dass diese oft Sachen wussten und konnten, von denen er bisher einfach keine Ahnung hatte. Diese neuen Freundschaften halfen ihm sehr, sein Heimweh zu vertreiben, und es gefiel ihm nach und nach wieder ein bisschen besser auf dem Bauernhof. Obwohl, mit seiner Putzarbeit hatte er sich immer noch nicht abgefunden.

Am besagten Nachmittag, es schneite immer noch ein paar weiße Flocken, versammelten sich alle Bewohner von Blessür auf dem Platz und es wurden anschließend zwei Schnellballmannschaften gebildet. Das erste Team bestand aus dem Reiter Karischaque, dem Pferd Kolkopf, der Magd Ollanda und dem Hund Bellolux. Die zweite Gruppe wurde gebildet von Knecht José, Hahn Porto, Henne Sinlanda, Gans Schwenska, den Katzen Danemann und Wiskie, der Ziege Greta und dem Esel Giovanni.

Ja, und der Wolferl wusste nicht so ganz recht, welchem Team er denn nun beitreten sollte. Von seiner Statur und Größe her hätte er recht gut in das zweite Team gepasst und hatte außerdem dort schon ein paar neue gute Freunde gefunden. Aber als die Stute Kolkopf mit dem Kopf schwenkte und meinte, er soll doch nicht so dumm sein und möge doch zu ihnen rüberkommen, trat das Wolferl, zwar zögerlich, aber dann doch entschieden der ersten Gruppe bei. Alte Bande ließen sich halt doch nicht so leicht trennen und vielleicht boten ihm die Stute Kolkopf und ihr Team ja wirklich wieder eine richtige Freundschaft an. Kleiner Stallbursche war halt immer noch sehr naiv und jung.

Die Schneeballschlacht selbst war dann recht kurz und bündig, ja, man hätte es eigentlich fast als ein Gemetzel bezeichnen können. Und obwohl Wolferl das eindeutige Siegerteam gewählt hatte, war er nach dem schnellen Massaker nicht ganz so glücklich. Die Schneebälle der ersten Gruppe waren so hart und fest und wurden mit so einer Wucht geschleudert, dass bei der zweiten Mannschaft nur noch die Federn und Haare flogen.

Eine kurze Schlacht nur, welche aber die Eintracht auf dem Hofe noch nachhaltig stören sollte. Der Schluss der Schneeballschlacht war dann nicht minder dramatisch, als Reiter Karischaque auf Pferd Kolkopf Kavallerie spielte, und Knecht José, als Dragoner verkleidet, es wagte, sich ihnen auf Esel Giovanni entgegenzustellen.

Reiter Karischaque mit Pferd Kolkopf nahm die Sache ziemlich ernst und vom Knecht José und Esel Giovanni blieb nur noch ein Häufchen Elend übrig. Die anfangs freundschaftlich begonnene Schneeballschlacht wurde mit einem triumphalen Sieg der Karischaque-Kolkopf-Mannschaft recht unfreundlich beendet und am Abend entsprechend gefeiert und begossen, natürlich aber nur von den Mitgliedern der ersten Gruppe.

Wolferl feierte zwar mit den Siegern mit, doch er hatte auch großes Mitleid mit den Verlierern, die alle schon frühzeitig schlafen gegangen waren. Er wusste auch, dass es jetzt noch schwieriger für ihn werden würde, neue Freunde aus diesem Verliererteam zu gewinnen, die er eigentlich alle recht gut leiden konnte. Einige von ihnen hatten ihm damals sogar schon ihre Unterstützung angeboten, als er sich von Monsieur Karischaque oder der Stute Kolkopf ungerecht behandelt fühlte. Dies war jetzt natürlich vorbei.

Die Siegesfeier am Abend war dann aber so fad und langweilig, dass Wolferl am liebsten auch gleich schlafen gegangen wäre. Man saß am Tisch, Magd Ollanda zwischen Monsieur Karischaque und der Stute Kolkopf, Hund Bellolux am Boden, der versuchte, sich so lang zu strecken, dass er mindestens von jedem der dreien am Tisch einen Fuß berührte. Kolkopf trank und sang sein Lieblingslied: ‚Pferde über alles, bla, bla' und redete und brüllte dabei immer so laut, dass man sonst eigentlich niemanden mehr hören oder verstehen konnte. So wie Pferde eben sind, wenn sie etwas getrunken haben und feiern.

Der Reiter Karischaque hingegen zog genüsslich an seinem Stinkstängel Mortemuroa und summte dabei seine Lieblingslieder über die gute alte Zeit. Die Magd Ollanda in der Mitte schenkte wohlwollend ihren beiden Nachbarn immer wieder ihre halb vollen Gläser randvoll nach. Sie verstand es hervorragend, immer wieder beiden gleich gut zu gefallen, ohne sich für einen entscheiden zu müssen.

Das gelangweilte Wolferl saß mehr oder minder einsam an diesem großen Tisch und beobachtete mit müden Augen dieses Treiben, vor allem, wie dann der alte Karischaque sein Interesse mehr und mehr den Brüsten von Frau Ollanda Buisenberg schenkte. Und als dann seine linke Hand gefährlich nahe in Richtung dieser Hügellandschaft wanderte, riss ihn Freund Kolkopf auf recht unsanfte Art in der Manier eines alten Kumpels zurück und meinte, er solle mit ihm, dem Pferd, doch noch ein Glas trinken.

Pferd Kolkopf wusste nur zu gut, was Monsieur Karischaque vorhatte, der sich im Prinzip nur an die Hofkasse zwischen Buisenbergs Brüsten ranmachen wollte. Die Stute Kolkopf wollte aber ihren Reiter und Partner Karischaque nicht zu sehr verärgern und sah als einzigen Ausweg, ihn unauffällig daran zu hindern, indem sie ihn niedersaufen würde.

Als Wolferl am nächsten Morgen zum Frühstück in die Bauernstube kam und der alte Reitersmann immer noch halb besoffen über dem Tisch liegend schnarchte, wusste er, dass Kolkopfs Plan funktioniert hatte. Die Schneeballschlacht wurde zwar offiziell begraben, doch die Wunden, die sie zwischen den Mitgliedern des Hofes aufgerissen hatte, würden wahrscheinlich nie mehr wieder richtig verheilen.

Anschließend an das Frühstück zog Wolferl wie gewohnt seine zu großen Gummistiefel an und machte sich mit der Schubkarette auf den Weg nach Schmirol, um wieder Dreck und Mist einzusammeln. Während er mit seiner Arbeit begann, fing er erstmals an nachzudenken über sich, den Hof, die Arbeit, die anderen Hofbewohner und was das ganze Hofleben eigentlich für einen Sinn ergeben würde.

Diese eintönige Arbeit des Misteinsammelns mit der Schubkarre und danach zum Misthaufen fahren zum Entleeren und dann wieder zurück zum Durchgang Schmirol hatte auch ihre positiven Seiten. Wolferl hatte sehr viel Zeit, um nachzudenken. Er hatte nie besonders viel nachgedacht früher, vor allem nicht, seit er auf dem Hofe war, weil das ja auch sein vermeintlicher Freund Kolkopf für ihn besorgen würde.

Er wurde ja bisher nach dem Motto erzogen, dass, wenn man sich immer in der Nähe eines Pferdes aufhielt, das Gleiche tat und fraß, eigentlich nicht viel schiefgehen könne. Diese Erziehungsmethode hatte sich ja anscheinend in den letzten Jahren als ziemlich erfolgreich bewährt. Mit der großen Voraussetzung natürlich, dass Wolferl ein Leben lang ein kleiner, dummer, hilfloser Stallbursche und Pferdeliebhaber bleiben würde.

Nach den jüngsten Erfahrungen aber musste Wolferl seine Einstellung zum Leben und das Zusammenleben mit Pferden gründlich revidieren, was ihn sehr zum Nachdenken brachte. Er träumte von einem freien und unabhängigen Weg in die Zukunft, so wie ihn einst seine Großväter und Urgroßväter gegangen sind. Wolferl traute aber seinen schwachen Beinen noch nicht zu, ihn alleine und unabhängig durch die große Welt zu tragen.

Falls er sich eines Tages trauen würde, vom Hof ganz alleine wieder zurück nach Hause in die Berge zu gehen, und diese lange, einsame Wanderung ohne jede Hilfe schaffen würde, dann wüsste er, dass er stark genug für ein eigenes unabhängiges Leben wäre. Dann hätte er sich selbst bewiesen, dass er in der Lage ist, selbstständig und unabhängig durch die Welt zu gehen, und er könnte der sein, von dem er immer träumte. Doch noch traute er sich nicht.

Und das, obwohl er Nachkomme großer Vorfahren war, die nur selten an ihrer eigenen Kraft Zweifel hatten und ihre Wege durch die Welt stets aufrecht und unabhängig gingen. Das kleine Wolferl als Stallbursche und Pferdebetreuer war aber davon noch weit entfernt.

Jedenfalls aber dachte Wolferl darüber nach, was auf dem Hof einmal aus ihm werden würde. Er könnte vielleicht Oberstallbursche werden, und falls er seinen Freund Grüezi einmal überreden könnte, dass er auch auf den Hof kommt, so dumm würde er aber wahrscheinlich nicht sein, dann könnte er vielleicht sein Chef werden und Grüezi müsste dann mit zum Misteinsammeln gehen. Wolferl hätte dann ein bisschen weniger mit der Mistarbeit zu tun und könnte sich dann vielleicht um angenehmere Arbeiten kümmern.

Oder er könnte eine alternative Karriere als Pferdespezialbetreuer rund um die Uhr versuchen, und vielleicht dürfte er dann auch einmal auf dem Pferd mit dem alten Karischaque mit reiten. Aber er konnte sich das kaum vorstellen, dass ihm der alte Karischaque das einmal erlauben würde, geschweige denn, dass er einmal alleine ausreiten dürfte. Ob er den Reitmeister Karischaque oder die Hofstute Kolkopf darum bitten könnte? Doch die wahrscheinliche Antwort konnte er sich schon vorstellen, ‚a gsunde Watschn hat noa kam gschadet', und er solle sich doch nicht so lächerlich machen, ein Stallbursche will Reiter spielen.

Wolferl musste feststellen, dass er zwar zum Hof gehörte, aber eigentlich nur der Ausstattung diente, und dass er kein echtes mitentscheidendes Mitglied war, das irgendetwas zu sagen oder zu bestimmen hätte. Am Tisch hatte er sowieso nie viel zu sagen, und um Rat gefragt wurde er auch so gut wie nie. Wichtige Entscheidungen über ihn, wie zum Beispiel die Arbeit mit dem Misteinsammeln, konnte er nicht einmal ablehnen und musste sie ohne Weiteres akzeptieren. Vielleicht hätten sie auf dem Hof für ihn bald noch eine weitere Arbeit parat, etwas noch Schlimmeres, könnte es so etwas noch geben?

Der blonde Bursche versuchte erst gar nicht, sich auszumalen, was es alles noch Schlimmeres geben könnte, und dachte über die anderen Tiere und Menschen auf Hof Blessür nach.

Der Knecht José mit seinem schwarzen Schnauzer verbrachte die meiste Zeit im Stall und auf den Feldern. Er dürfte folglich für eine echte Karriere nicht infrage kommen und muss daher auch zur Ausstattung des Hofes gerechnet werden. Fazit: Sehr begrenzte Karrierechance auf dem Hof, falls Trinksucht nach Stierblut heilbar, wäre ein Aufstieg zum Oberknecht möglich.

Das Federgetier, der Hahn Porto, die Henne Sinlanda und die Gans Schwenska, dürften, da sie wie auch Knecht José im Verliererteam bei der Schneeballschlacht waren, kaum weitere Beförderungschancen haben. Hahn Porto dürfte Wecker, Henne Sinlanda Eierlieferant und Gans Schwenska Daunenerzeuger bleiben und wahrscheinlich keine Karrieresprünge mehr machen. Reiter Karischaque und Pferd Kolkopf schätzten zwar das Federgetier, doch insgeheim war ihnen beiden klar, dass die höhere Luft, die sie beide atmeten, für das Federzeug niemals infrage käme.

Für die Katzen Wiskie und Danemann galt fast das Gleiche, und falls sie nicht recht fleißig Mäuse fingen, würde man sie vielleicht sogar vom Hof verjagen. Nein, ganz so schlimm war es nicht, aber in den Augen der zwei Großen, Karischaque und Kolkopf, waren es eben halt nur eigenwillige Katzen, die man nicht ernst zu nehmen bräuchte. Das zu ihren Karrieremöglichkeiten auf Bauernhof Blessür.

Die Ziege Greta war in der Regel, leider nicht zu ihrem Vorteil, immer sehr zurückhaltend. Bestätigende Ausnahme war nur die ewige Zankerei mit ihrem Nachbar Ziegenbock Kurtie um ein paar dumme Steine im Wasser am Rande des Hofes. Da sie leider auch im Verliererteam bei der besagten Schneeballschlacht war, hatte sie insgesamt sehr schlechte Voraussetzungen für eine erfolgreiche Karriere auf Hof Blessür. Da sie auch sonst kaum starke Verbündete hatte, war ihr Posten im Abseits als Milch- und Ziegenkäselieferant besiegelt.

Esel Giovanni war bei Weitem weniger scheu und zurückhaltend als die Ziege Greta und zeigte ab und zu sein enormes Temperament. So wie er es zuletzt bei der Schneeballschlacht als Dragonerpferd bewiesen hatte. Obwohl er es nicht gern hatte, wenn man auf ihm ritt, machte er spaßeshalber mit Knecht José eine Ausnahme. Er wurde dann aber im Kampf vom gegnerischen Team Karischaque und Kolkopf leider wieder schnellstens abgesattelt. Mit dieser Unverfrorenheit, es zu wagen, den Herrn General Karischaque und sein stolzes Pferd Kolkopf herauszufordern, hatten er und José natürlich jede Karrierechance und einen möglichen Platz auf dem Stockerl verspielt. Armer Giovanni musste auch auf die Zuschauertribüne.

Dann war da noch der Hund Bellolux, der seine beiden Herrchen schon hatte und eigentlich gar nicht darauf aus war, irgendwelche Aufstiegsmöglichkeiten auf Hof Blessür zu suchen. Er hatte sein Herrchen Karischaque und sein Frauchen Stute Kolkopf sowie sein Fressen von der Magd Ollanda und natürlich seinen Schlafplatz beim Kachelofen in der Bauernstube. Was braucht ein Hund mehr, um glücklich und zufrieden zu sein? Er war zudem auch ein willkommener Freund seines Herrchens Karischaque und Frauchens Kolkopf, wenn auch wohl ihr einziger Freund, den die beiden hatten. Die zwei schienen den Hund Bellolux nach dem Motto angeschafft zu haben ‚brauchst einen Freund, kauf dir einen Hund'.

Magd Ollanda Buisenberg hingegen hatte große Karrierepläne und war wahrscheinlich auch der einzige Kandidat auf dem Bauernhof, mit Ausnahme von Monsieur Karischaque und Pferd Kolkopf natürlich, die wirkliche Aufstiegschancen hatte. Ihren Platz als Dritter auf dem Stockerl konnte ihr fast niemand streitig machen. Sicher half ihr dabei auch, dass sie beim Siegerteam in der Schneeballschlacht war und sich, so wie das Pferd Kolkopf, recht spartanisch von Heu und Hafer ernährte.

Außerdem war sie auch ein ideales und fesches Verbindungsglied zwischen dem alten, ab und zu mürrischen Karischaque und dem arbeitsamen und stolzen Pferd Kolkopf, das nicht immer leicht zu bändigen war. Zudem hatten sich auch Pferd und Reiter darauf geeinigt, dass sie die Hofkasse führen durfte. Wobei natürlich nach wie vor Karischaque und Kolkopf maßgeblich beeinflussten, wie viel in die Hofkasse eingenommen und wieder ausgegeben wurde. Oder anders ausgedrückt, entschieden die zwei, wie viel sich am Ende des Tages in der Hofkasse befand, da spielte der Ort, wo sie aufbewahrt wurde, keine so große Rolle mehr, nur mehr eine Vertrauenssache. Aber jedenfalls war es ein Zeichen ihrer Anerkennung für Frau Ollanda.

Frau Buisenberg übernahm diese Aufgabe natürlich mit Stolz und Freude und trug den Lederbeutel mit dem wertvollen Inhalt stets sicher zwischen ihren warmen Brüsten. Auch sonst versuchte sie stets, beiden gleich gut zu gefallen, und bediente und bewirtete beide mit der gleichen Treue und Demut. Dies führte zu dem für sie angenehmen Ergebnis, dass sie von beiden stillschweigend als ihre Vertreterin auf dem Hof akzeptiert wurde.

Die beiden letzten zwei Mitglieder des Hofes, Reiter Karischaque und Pferd Kolkopf, waren die eigentlichen Herren auf Blessür. Sie entschieden, wie und wo es langging, und machten dies auf ihren zahlreichen Inspektionstouren als Polizist und Pferd jedem Bewohner eindringlich klar. Der Polizist und Reiter Karischaque benötigte das Pferd, weil seine Beine viel zu schwach gewesen wären, um ihn weit zu tragen, und ihn zu Fuß eigentlich niemand auf dem Hof richtig ernst genommen hätte. Das Pferd Kolkopf andererseits konnte alleine nicht Polizist spielen, weil das Wichtigste eben fehlte, der Polizist. Aber das Pferd war so stark und kräftig, dass es jeden Reiter überall hintragen konnte.

Das Arbeitsleben auf dem Hof selbst wurde klar vom Pferd Kolkopf dominiert und bestimmt. Reiter Karischaque war diesbezüglich nicht wichtiger als zum Beispiel der Esel Giovanni. Folglich wurden auch die Einnahmen und Ausgaben in der Hofkasse primär von der geleisteten Arbeit und Geschwindigkeit des Pferdes Kolkopf bestimmt. Reiter Karischaque hatte lediglich was zu sagen und zu bestimmen, wenn er Polizist spielen konnte.

Dadurch, dass Kolkopf das bei Weitem wichtigste Arbeitstier auf dem Hof war, wurden die ganzen Futtermengen und Rationen der Schonkost Währungsschlüze auf die Stute abgestimmt. Das Pferd beeinflusste somit nicht nur stark, wie viel andere zu fressen bekamen, sondern auch, wie viel und wie schnell gearbeitet werden musste. Zusammenfassend könnte man sagen, dass alles auf dem Hof, was mit Arbeit oder Fressen zusammenhing, fast ausschließlich von Pferd Kolkopf bestimmt wurde. Und alles, was mit dem Verhalten untereinander und den Beziehungen innerhalb und außerhalb des Hofes zu tun hatte, klar vom Polizisten Karischaque bestimmt wurde.

Somit waren die zwei regierenden Mitglieder auf dem Hof klar definiert und alles Leben und Tun auf Hof Blessür musste sich dem zwangsläufig unterordnen. Neben ihnen konnte es keine ebenbürtigen oder gleichberechtigten Mitglieder geben.

Das dürfte damals wahrscheinlich auch Schafbock John Mädkau erkannt haben, als er sich vom Hof verabschiedete und sich dachte ‚bye bye and kiss my ass'. John Mädkau wäre viel zu stolz gewesen, um, so wie die anderen, nur den Assistenten oder Türöffner zu spielen. Dem Rest der Mannschaft schien diese

Gemeinschaftsrolle als Steigbügelhalter nichts auszumachen, da jeder von ihnen noch den irrtümlichen Glauben besaß, dass der Nutzen dieser Gemeinschaft höher wäre als ihre für den Hof geleistete Arbeit und ihre Freiheit, die sie dafür aufgaben.

Wolferl hatte für heute genug nachgedacht und war auch endlich mit der Reinigung von Schmirol fertig, als er sich hungrig Richtung Küche zum Mittagessen auf den Weg machte. Am Mittagstisch wurde die Stimmung jeden Tag etwas schlechter und die Bewohner von Blessür schauten nur noch selten auf den Kalender, der sie jeden Tag ein Stück näher zum Tag X brachte. Man aß und schwieg vor sich hin, Pferd Kolkopf versuchte noch ab und zu einen Pferdewitz, doch Pferdehumor war nicht jedermanns Sache.

Die Stimmung zum Mittagessen wurde nach und nach so schlecht, dass man entschied, den Tisch zu teilen. Wobei ein Teil mit der Siegermannschaft der Schneeballschlacht Karischaque, Kolkopf und Co belegt wurde und die andere Seite mit den restlichen Bewohnern von Blessür, also dem Verliererteam. Das arme Wolferl saß nun bei den großen Tieren und Siegern am Tisch. Er fühlte sich dabei aber nicht wirklich wohl, versuchte es aber so gut es ging zu verbergen. Ihm war die trostlose Siegesfeier noch in guter Erinnerung und zudem hatte er an diesem Tisch bei den Großen sowieso nie etwas zu sagen. Ganz davon zu schweigen, dass ihn an diesem Tisch irgendjemand wirklich ernst genommen hätte.

Dieser Bruch beim Mittagstisch im Sommer im zweiten Jahr der Ferien hatte allerdings schwerwiegende Folgen für das Leben und Treiben auf dem Hof. Die Zusammenarbeit und Solidarität unter den Hofbewohnern verschlechterte sich zunehmend. Gab es irgendwo Reparaturen oder zusätzliche Arbeiten zu erledigen, so fühlte sich niemand mehr zuständig oder verantwortlich dafür. Oder ein Team gab dem anderen die Schuld für irgendwelche Schwierigkeiten oder Probleme auf dem Hof. Nur noch innerhalb der Gruppen funktionierte die Gemeinschaft, Freundschaft und Solidarität, doch zwischen den Gruppen selbst herrschte zunehmend Eiszeit und es bestand kaum noch eine funktionierende Kommunikationsbasis mehr.

Das Leben und Wirtschaften auf dem Hof verlor an Elan und Zusammenhalt, die Schulden bei der Hausbank wurden nur noch stockend zurückbezahlt und jedes gemeinschaftliche Tun und Handeln des Hofes als Ganzes funktionierte nur noch selten bis gar nicht mehr.

Als dann im Spätsommer die Revoluzzer vom Verlierertisch mit den Anführern José und Giovanni anfingen, Lieder zu singen, die sich über den auf sie zukommenden Universalfraß Fleuro lustig machten, war der Tag des endgültigen Bruches nicht mehr weit. Wolferl liebte Musik und er hörte den Liedern vom Nachbartisch eigentlich viel lieber zu als den langweiligen Moralpredigen von Kolkopf über Zusammenhalt und das Leben wäre dazu da, um ‚verarbeitet' zu werden, oder den müden Geschichten von Karischaque über seine ehemaligen großen Polizeieinsätze.

Esel und Hobbytenor Giovanni hingegen empfahl sich nicht nur als guter Sänger, sondern auch als relativ ideenreicher Texter, wie Wolferl zu hören bekam:

„*Fleuroo, Fleuroo, wer dich lieb hat, ist ein Pseudoo, Pseudoo. Jaques und Kol dich zwar gerne haben, Giovanni und José wirst jedoch verjagen dideldumdei dideldumdei …*"

Als dann nach nicht allzu langer Zeit Giovanni an einem Sonntagmittag mit einer neuen Strophe aus seinem Gesangsrepertoire glänzte und alle an seinem Tisch dabei eifrig mitsangen und er zum Dessert dann noch einen gepfefferten Pferdewitz nachreichte, war es dann so weit.

Giovanni: „Frage? Warum sind die Pferde die glücklichsten Tiere der Welt?" – mit einem leicht unverschämten Blick zum Nachbartisch – „ganz einfach, weil sie niemals das Leid kennen von denen, die mit Pferden zusammenleben müssen."

Das war natürlich absolut zu viel und Kolkopf konnte nur noch mit Mühe davon abgehalten werden, den frechen Giovanni per Hufschlag aus der Stube zu befördern. Die Tischgenossen von Giovanni und er selbst verdrückten sich so rasch es ging aus der Bauernstube und versammelten sich draußen vor der Tür auf dem Hofplatz. Karischaque und Kolkopf kamen zur Tür heraus und sagten zu Giovanni, er könne sich jetzt sofort entschuldigen sowie einen Spezialjob für drei Monate akzeptieren, und falls er dies aber ablehnen würde, könne er vom Hof sofort verschwinden.

Giovanni würdigte die beiden nicht einmal mehr eines Blickes, zu viel böses Blut war in den letzten Wochen und Monaten schon geflossen, und er verabschiedete sich bereits mit Bussi und einem lieben Ciao von seinen Freunden am Verlierertisch. Er packte seine Siebensachen, rief seinen Freunden noch einmal Arrivederci zu, schiss noch ein letztes Mal auf den Weg Schmirol und machte sich, sein Lieblingslied ‚Gracie Roma' fröhlich singend, auf den Weg nach Süden in seine Heimat.

„Halt, halt", rief ihm sein guter Freund José zu, „ich komme auch mit, was soll ich denn noch hier, das Hofleben ist ja nur noch arbeiten, sparen und Schulden zurückzahlen. Und das auf uns zukommende Universaltrockenfutter Fleuro werde ich sicher auch nicht vermissen, und mir von den Hundesbankern dauernd sagen lassen zu müssen, wie ich zu arbeiten habe und was ich zu tun hätte. Nein danke, darauf kann ich gerne verzichten!"

Somit packte auch José seine Sachen zusammen, verabschiedete sich, holte den Esel Giovanni laufend ein und beide wanderten gemeinsam über die Wiesen von Blessür Richtung Heimat. Mittlerweile waren alle Bewohner auf dem Hofplatz versammelt und die Stimmung war so traurig und gedrückt wie nie zuvor. Selbst als Schafbock John Mädkau verschwunden war, war die Stimmung auf dem Bauernhof an jenem Morgen nicht so trüb, wie sie heute war.

KAPITEL XI

„Das Leben geht weiter", meinte Pferd Kolkopf, und morgen müsste wieder früh aufgestanden und hart gearbeitet werden. Reiter Karischaque unterstützte die Stute dabei und versuchte, die Versammelten davon zu überzeugen, dass es bereits Zeit wäre, um schlafen zu gehen. Über die Nacht sollte dieser traurige Vorfall so gut als möglich vergessen worden sein, so hofften die beiden. Die Bewohner von Blessür ließen sich aber nur zögernd von Pferd Kolkopf und Reiter Karischaque zum Schlafengehen überzeugen und bewegten sich nur schwerfällig mit hängenden Köpfen Richtung Stallungen und Haus zu ihren Betten und Schlafplätzen.

Am nächsten Morgen wurde Wolferl nicht wie üblich von Hahn Porto geweckt, sondern vom lauten Fluchen des Reiters Karischaque. Er ärgerte sich so, weil es bereits früher Vormittag war und der Hahn anscheinend verschlafen hatte. Er marschierte also mit seinen schwarzen Reiterstiefeln an seinen krummen Beinen schnurstracks Richtung Stall, um dem noch vermutlich schlafenden Hahn Porto mit seiner Gerte auf die Beine zu helfen.

Doch kaum war er drinnen in der Scheune, da war er auch schon wieder draußen und suchte verzweifelt nach dem Hahn. Mittlerweile kam auch das Pferd Kolkopf zu Hilfe und meinte, die Gans Schwenska und die Henne Sinlanda wären auch nirgends mehr zu finden. Dem aus dem Fenster blickenden Wolferl wurde sofort bewusst, dass drei weitere Mitglieder von Hof Blessür die Nase voll hatten und sich in aller Frühe, still und heimlich, verabschiedet hatten. Er war nicht einmal besonders überrascht davon, dass das Federgetier vom Verlierertisch verschwunden war. Und es wäre wahrscheinlich nur noch eine Zeitfrage, bis der Rest dieser Verlierer-Mannschaft sich auf den Heimweg machen würde.

Einige Tage später war auch die Ziege Greta eines Abends nicht mehr von der grünen Wiese auf den Bauernhof zurückgekehrt und dem Wolferl wurde nun zweifellos bewusst, dass früher oder später nur noch das harte Siegerteam mit Karischaque, Kolkopf, Ollanda, Bellolux und ihm übrig bleiben würde. Das machte ihn sehr traurig und als er eines Abends die Katzen Danemann und Wiskie über den Hof rennen sah, wußte er, dass sie nur noch auf den richtigen Augenblick warteten, um das Weite zu suchen.

Keiner auf dem Hof kümmerte sich mehr um die Katzen, die sich bereits schon mehr oder minder selbst überlassen waren. Denn der Hof war eigentlich nur noch damit beschäftigt, die verbliebenen Lücken zu schließen und sich auf das Universaltrockenfutter Fleuro vorzubereiten. Für Katzentheater hatte man einfach keine Zeit mehr.

Und so kam es dann auch an einem Morgen im frühen Herbst, er war noch recht frisch von der bereits kühlen Nacht, als sich die beiden Katzen vom Hof verabschiedeten. Wolferl hatte dabei Tränen in den Augen und sah, wie seine Befürchtungen eingetreten sind. Für ihn würde es jetzt verdammt schwer werden, sich in dieser Siegertruppe der Giganten durchzusetzen. Er sah sich bereits mehr oder minder als einsamer Gartenzwerg und nutzlose Zierde im Vorgarten dieser großen Mitglieder von Hof Blessür.

Glücklicherweise war es Freitag und der kleine Stallbursche musste ab vier Uhr nachmittags nicht mehr arbeiten. Wolferl ging sofort in seine Schlafkammer, zog sich aus und lag traurig und niedergeschlagen auf seinem Bett. Er träumte und dachte nach, wie lange er noch auf dem Hof bleiben sollte. Wie weit könnte er es hier bei diesen Großen wohl bringen und war er überhaupt glücklich hier? War er zufrieden mit dem, was er hier darstellte und wer er war? War er davon überzeugt, was er hier auf dem Hof machte? Doch für keine dieser drei so wichtigen Fragen für ihn fand er eine Antwort in seinen Gedanken ‚ja, ich bin es'.

Von einer glücklichen Gemeinschaft oder Familie konnte ja keine Rede mehr sein, der Reiter Karischaque und das Pferd Kolkopf hatten sich zu unumstrittenen Herrschern auf dem Bauernhof durchgesetzt. Die Magd Ollanda durfte sich als Vermittlerin zwischen beiden Regierenden profilieren und sah dadurch noch etwas öfters die Sonnenseite von Hof Blessür. Sie bekam dadurch eben auch bessere Jobs und Aufgaben zugeteilt als das kleine Wolferl, der nach wie vor täglich zum Misteinsammeln verdonnert wurde. Zusätzlich durfte sie auch die Hofkasse führen, war attraktiv und fesch und konnte, als Bindeglied zwischen den beiden Regierungsmitgliedern, auf dem Hof wesentlich mehr mitreden und gestalten als die restlichen Bewohner.

Dem Hund Bellolux war eigentlich alles Wurst, solange er ein gemütliches Zuhause hatte und ihm seine beiden Herrchen ein wenig Aufmerksamkeit und Zuneigung schenkten. Dann war er glücklich und zufrieden und er würde mit Sicherheit auf dem Hof bleiben.

Ja, und was soll er, das Wolferl, denn hier auf dem Bauernhof Blessür noch machen?, fragte er sich in Gedanken. Lebenslänglich ein Stallbursche oder Steigbügelhalter für Monsieur Karischaque oder Küchengehilfe von Magd Ollanda oder gar Hündchen spielen und Reiter und Pferd dauernd hinterherlaufen? Nein danke, dachte sich das Wolferl und nahm den Brief von seiner Mutter noch einmal in die Hand und las ihn ehrfurchtsvoll ein letztes Mal durch.

… und sehr unglücklich auf dem Hof bist, kannst du jederzeit nach Hause kommen, wir Eltern würden uns beide sehr freuen …

Diese Stelle las Wolferl mehrmals durch und drückte anschließend den Brief so fest an seine Brust, als wäre er eine Freikarte zurück in sein altes Paradies. Wolferl hatte sich nun entschieden, morgen sollte sein größter Tag in seinem noch jungen Leben werden. Der morgige Tag sollte ein großer Wendepunkt in seinem Leben sein, um erwachsen, selbstständig, frei und unabhängig zu werden. Nur eine Reise vom Hof in seine Heimat, aber ein großer Schritt für ihn und seine Zukunft.

Wolferl tat sich schwer einzuschlafen, da er am liebsten schon sofort losgelaufen wäre und seine Beine kaum ruhighalten konnte. Zudem machte er sich laufend Gedanken über seine einsame Reise zurück in die Berge, ob er den Weg wohl finden würde und ob ihn seine noch jungen Beine bis nach Hause tragen würden?

Wolferl drehte sein kleines Radio an, um noch ein bisschen Musik zu hören, um so besser einschlafen zu können. Als nach kurzer Zeit das Lied „Killing me softly with this song, killing me softly with this song, telling my whole life with his words, killing me softly ..." gespielt wurde, begannen seine Augen sehr feucht zu werden und sein Herz wurde glühend heiß.

Er begann zu realisieren, dass es für ihn in Zukunft nie wieder ein ‚killing me softly' auf dem Bauernhof mehr geben würde. Keine Scheiße mehr wegputzen und einsammeln, kein kleiner dummer Bub mehr, nur zuzuhören und zu gehorchen, kein lebenslänglicher Stallbursche, Pferdebetreuer, Steigbügelhalter oder was auch immer. ‚No more killing me softly', das stand für Wolferl endgültig fest.

Dabei fielen ihm die Worte des Schafbocks John Mädkau ein, als dieser einsam in der Box eingesperrt war. Und obwohl er die Worte ‚I am the hell out of here' nicht genau verstand, so wusste er doch, dass sie etwas mit Ausbrechen in die Freiheit zu tun gehabt haben müssen. Freiheit, dachte sich Wolferl und lächelte dabei über das ganze Gesicht, bis ihn die Müdigkeit übermannte.

Mit einem rot-weiß karierten Hemd, kurzen Lederhosen und festen Wanderschuhen stieg er in der Früh die Treppen des Bauernhauses vorsichtig hinab, um die anderen nicht unnötig aufzuwecken und um keine langen Erklärungen und Begründungen für seine Abreise geben zu müssen. Unten bei der Eingangstüre wartete schon der Hund Bellolux mit wedelndem Schwanz und leisem Gebell, um ihm guten Morgen zu wünschen. Wolferl streichelte ihn zum Abschied noch ein letztes Mal, steckte sich noch eine Jause in den Rucksack und begab sich auf den langen Heimweg.

Er war so glücklich, dass er endlich losmarschieren konnte, dass ihn seine Beine so leicht trugen, als ob er über dem Boden schweben würde. Lange hat es gedauert, bis er endlich wieder sein eigener Herr über sich selber war, der jetzt niemandem mehr gehorchen musste und dem keiner mehr sagte, er hätte den verschissenen Durchgang Schmirol unverzüglich zu reinigen. Er genoss das herrliche Gefühl der zurückgewonnenen Freiheit, wieder er selbst zu sein und niemandem mehr einen Buckel machen zu müssen. Wolferl beschleunigte seine Schritte auf seinem Weg Richtung Heimat in seine geliebten Alpen, drehte sich dabei noch ein letztes Mal zum Abschiedsgruß um und meinte: „Servus, habe die Ehre, es hat mich sehr gefreut."

KAPITEL XII

Einige Jahre später erfuhr Wolferl über das Ende der Geschichte vom Bauernhof Blessür. So richtig funktioniert hatte das Ganze schon bei seinem Abgang nicht mehr und das Leben auf dem Hof konzentrierte sich fast ausschließlich nur noch auf das Pferd Kolkopf und Reiter Karischaque. Die Magd Ollanda und Hund Bellolux agierten noch als Bindeglieder und Klebemasse zwischen den beiden.

Auch das Universalfutter Fleuro wurde am Tag X, nach exakt zwei Jahren Ferien, wie vereinbart eingeführt und von den Bankern der Hausbank genauestens überwacht. Das Futter wurde von allen recht gut vertragen und gegessen. Das Wirtschaftsleben funktionierte noch relativ gut und ungestört. Das ganze Hofleben hing jedoch zunehmend nur noch am Faden der Freundschaft zwischen Reiter Karischaque und der Stute Kolkopf, die ihm aber nach wie vor, bezüglich des Geldbeutels bei Magd Ollanda, nie ganz über den Weg traute. Seine Geldsorgen waren leider immer noch nicht verschwunden und führten im Endeffekt zum Zerwürfnis und der Auflösung von Hof Blessür. Wolferl hatte also nicht mehr viel versäumt und den Hof nur einige Jahre vor dem Zusammenbruch verlassen.

Anscheinend wurde nach der Einführung des Wunderfutters Fleuro nämlich vereinbart, dass die Banker der Hausbank gute Arbeit geleistet hatten und dass es jetzt für den Hof an der Zeit wäre, die Finanzen, Schuldtilgung und Verteilung des Universalfutters Fleuro selbst in die Hand zu nehmen. Dies war vor allem der große Wunsch von Reiter Karischaque, denn dann hätte er die Möglichkeit, seine Finanzprobleme und Schulden selbst zu kontrollieren, und wäre dann nicht mehr dem ständigen Druck der Hausbank ausgeliefert. Dadurch war ein langersehnter Wunsch von Monsieur Karischaque in Erfüllung gegangen, der alle seine ihn drückenden Finanzsorgen verschwinden bzw. beinahe außer Sichtweite in die weite Zukunft verschoben sah. Doch das Glück für den erleichterten Karischaque währte nicht lange.

Das Ganze wäre an und für sich kein Problem gewesen, wäre der Ruf von Monsieur Karischaque bei den Banken und denen, die ihn schon länger kannten, nicht so schlecht gewesen und hätten ihm nicht mehr und mehr Gläubiger seine Schulden fällig gestellt. Sie hatten nämlich alle große Angst, dass, falls er selbst und nicht mehr die Hausbank für die Schuldenrückzahlung verantwortlich wäre, sie ihr Geld eventuell nie mehr wiedersehen würden. Folglich stellten sie die ihm gewährten Darlehen zunehmend zur Rückzahlung fällig.

Der arme Monsieur Karischaque kam nun natürlich in arge Bedrängnis und bräuchte unbedingt sofort bare Mittel. Er wusste sich also keinen anderen Ausweg, als die gemeinsame Hofkasse, welche von Ollanda Buisenberg verwaltet wurde, zu plündern. Gerade in dem Augenblick, als er sich in der Bauernstube über die fesche Magd hermachte und versuchte, den Lederbeutel zwischen ihren Brüsten zu entreißen, wurde er vom Pferd Kolkopf überrascht und in der Folge mit einem beinhartem Huftritt, so wie Wolferl damals, dieses Mal aber durch das geschlossene Fenster, auf den Misthaufen befördert. Der Bruch der stets ungeliebten Freundschaft war somit vollzogen und wenige Tage später war Hof Blessür einsam und verlassen. Nur noch ein paar schwarze Krähen pickten die letzten Futterreste des Fleuro auf, bevor auch sie für immer davonflogen.

Wolferl marschierte damals mit zügigem Schritt auf den ersten kleinen Hügel beim Hof Blessür und konnte in der Ferne die Alpen mit ihren weißen Spitzen erkennen, dort, wo seine Heimat lag. Er blieb einen Moment stehen, kniff seine Augen zusammen und konnte dabei die Richtung seines Dorfes erkennen. Sogar die Umrisse der Kirche auf einer Anhöhe in der Mitte des Dorfes mit ihrem weißen hohen spitzen Turm konnte er ausmachen.

Wolferl freute sich so sehr, dass sein kleines Herz anfing zu pochen wie nach einem Hundert-Meter-Lauf. Der hohe weiße Kirchturm sollte ihm als Zielmarkierung dienen, der würde ihm die Richtung geben und daran wolle er sich orientieren, dann könne er sein Heimatdorf nicht verfehlen.

Der blonde Bursche wanderte mit Freude drauflos und sang dabei noch sein Abschiedslied, das er extra für diesen großen Tag komponiert hatte, und bei welchem ihm Hobbytenor Giovanni vielleicht noch ein bisschen geholfen hatte:

‚Servus, mach's gut, dideldumdei, dideldumdei. Scheiße auf den Schmiroler Wegen mir stinken viel zu sehr entgegen, bum, bum, tschabadibum, drum ihr den Dreck nun selber putzen, kleiner Mann nun sich tut verdrucken, dideldumdei, dideldumdei. Kol und Chaque können sich zwar lieben, doch klein Wolferl haben sie vertrieben, bum, bum, tschabadibum …'

Wolferl sang wie ein junger Singvogel, der gerade gelernt hatte, wie man richtig zwitschert, und ein fröhliches Lächeln zierte sein Gesicht und er war so glücklich wie nie zuvor. Ihm war auch bewusst, dass, wenn er wieder zu Hause sein würde, die langen Ferien vorbei sein würden. Das störte ihn aber überhaupt nicht, ganz im Gegenteil, er freute sich schon sehr darauf, wieder in die Schule zu gehen. Er würde dann alles nachholen, was er versäumt hatte, Geschichte und alle diese verschiedenen Tiersprachen, um später, wenn er einmal erwachsen sein würde, viel mehr zu sein als nur Stallbursche auf einem Bauernhof.

Die Zeit auf Hof Blessür und vor allem die zwei Jahre Ferien hätte er am liebsten sofort aus seinem Gedächtnis gestrichen, doch sie sollte Teil seiner Vergangenheit bleiben. Er freute sich aber schon auf die Schule, auf seinen Freund Grüezi und besonders auf seine Eltern zu Hause, die eines Tages noch sehr stolz auf ihn sein sollten.

Mittlerweile hatte Wolferl bereits den äußeren Zaun vom Hof erreicht und ihn, sich mit einer Hand auf einen Pfahl stützend, mit einem saloppen Sprung überwunden – jetzt war er wieder wirklich frei und unabhängig. Er wanderte zielstrebig weiter, kam durch ein Wäldchen mit ein paar großen Buchen und wenigen Tannen, um dann bei einem kleinen Waldbächlein anzukommen. Er trank daraus und fand genügend große Steine im Bachbett, um trocken darüberzusteigen und anschließend wieder auf eine große frisch gemähte Wiese zu kommen.

Das trockene kurze Gras und die Überbleibsel der geschnittenen Wiese dufteten nach Heu wie daheim in den Bergen und brachten den heimwandernden Gesellen wieder ein Stück näher Richtung Heimat. Das Heu war noch in Maden zusammengerollt, um es in der Nacht vor der Feuchtigkeit besser zu schützen. Die Heu-Maden verliefen genau in die Richtung seines Heimatdorfes in den Bergen mit der Kirche in der Mitte und begleiteten ihn in der Folge links und rechts wie eine Straße für seinen weiteren Nach-Hause-Weg.

Der Weg zurück in seine Heimat machte dem Burschen so viel Freude, dass er ganz vergaß, seine Jause zu essen. Nach dem langen Marsch durch das Feld kam er schließlich auf einen Schotterweg, der zwar kurvig und teilweise gebogen war, den kleinen Wanderer aber dennoch in die richtige Richtung führte. Wolferls Wanderschuhe marschierten zügig und geschmeidig dahin und das Zwitschern der Singvögel, die alle selbst kurz vor ihrer großen Rückreise nach Süden standen, begleitete ihn auf dem Weg in seine Heimat. Die Sonne stand schon ziemlich hoch am Himmel und für einen Herbsttag war es immer noch angenehm warm.

Wolferl krempelte sein kariertes Hemd hoch und nahm dann doch seine Jause, eine Wurstsemmel, aus dem Rucksack und aß sie gemütlich, während er weitermarschierte. Als er den letzten Happen verschlungen hatte, fiel ihm ein, dass er doch nur Heu und Hafer isst, so wie ein Pferd eben, so wie er es über viele Jahre gewöhnt war. Aber die Wurstsemmel schmeckte ihm so fantastisch gut, dass er sich fragte, wie er nur so lange nur Heu und Hafer essen konnte.

In Zukunft, das war für ihn klar, gab es kein Heu und Hafer mehr, sondern nur noch das, was kleinen Jungs wie ihm wirklich schmecken würde. Und während er weiter dahinschritt, überlegte er sich schon, was er sich von seiner Mutter alles zum Essen wünschen würde. Dabei fielen ihm so viele leckere Sachen ein, dass ihm bereits der Mund wässrig wurde und er bereits anfing, schneller zu gehen. Wie schön doch das Leben sein konnte.

Es war nicht mehr weit und Wolferl konnte schon die einzelnen Häuser und Straßen in seinem Heimatdorf erkennen und natürlich auch die Kirche war klar und deutlich sichtbar. Der kleine Wolferl marschierte den Weg entlang weiter und kam bei einem alten Bauernhaus vorbei, vor dem eine alte Bäuerin saß, die gerade ihre Tracht in der angenehmen Herbstsonne behutsam glättete.

„Wohin des Weges, junger Mann?", fragte sie neugierig, und Wolferl, ohne das Tempo seiner Schritte zu reduzieren, antwortete ihr prompt: „Heim, nach Hause, dort, wo ich hingehöre" und verabschiedete sich dabei mit einem breiten Lächeln auf seinem Gesicht. Die alte Bäuerin schaute etwas verdutzt und war ziemlich überrascht, mit was für einer Deutlichkeit und Klarheit dieser kleine Bursche wusste, wohin er marschieren wollte und wohin er gehörte.

Mittlerweile stand die Sonne bereits nahe an ihrem Zenit und das Heimatdorf war nicht mehr weit. Wolferl konnte sogar schon sein Elternhaus, in welchem er aufwuchs, erkennen und war so glücklich, dass er anfing zu singen. Ihm fiel das Lied ein, welches ihm John Mädkau einmal beigebracht hatte. Und während Wolferl weiterwanderte, begann er, mit Tränen in den Augen, so schön und klar zu singen, dass sogar die Singvögel, welche ihn stets begleiteten, für einen Moment zum Zuhören verstummten:

„I came over Jordan and what did I see, sweet chariots, coming for to carry me home. A band of angels coming for to carry me home. Swing low, sweet chariots coming for to carry me home, swing low, sweet chariots, coming for to carry me home …"

Und während er sang, konnte man am Kirchturm bereits die Uhrzeit erkennen und Wolferl sah, dass sie schon auf dreiviertel zwölf stand. Was es daheim wohl zum Mittagessen geben würde, fragte er sich und überlegte, wenn er sich beeilen würde, könnte er es noch pünktlich zum gemeinsamen Mittagessen schaffen. Er könnte seine Eltern überraschen und seiner Mutter den mitgebrachten bunten Wiesenblumenstrauß mit einem dicken Kuss überreichen. Wolferl hatte Tränen in den Augen, fing an zu laufen und dachte sich: ‚nie wieder Ferien!'

DANKSAGUNG

Beinahe zwanzig Jahre hat es gedauert von der Aufzeichnung der Geschichte bis zur Entstehung eines Buches. Hier gilt mein besonderer Dank dem novum-Verlag, welcher nach Durchsicht des Manuskriptes diese Geschichte für wertvoll genug fand, sie der breiten Öffentlichkeit zugänglich zu machen und mich bei der Entwicklung des Buches vom Anfang bis zur Fertigstellung bestens und professionell betreute. Herzlichen Dank auch meiner Frau Heidi, meinem Freund und Kollegen Peter Mennel, wie auch meinem Freund und Partner Colin Moor, welche das Manuskript vorab lasen und mir wertvolles Feedback gaben. Besondern Dank auch an meine Schwester Heidi Sutterlüty-Kathan (www.weiberwirtschaft.at), welche an der Entwicklung des Buchcovers maßgeblich beteiligt war. Und zu guter Letzt lieben Dank auch an meinen Sohn Melchior, welcher sich als ‚Wolferl' auf dem Cover zur Verfügung stellte.

Ob ich diese Geschichte nur geträumt habe, oder ich als Instrument den Traum von jemand anderem aufgeschrieben habe, kann ich nicht genau beurteilen. Aber was ich beurteilen kann, ist die Liebe, die ich von meinen Eltern empfangen habe, welche weit länger wirkt, als ihr irdisches Dasein. Die Liebe, der Glaube und die Toleranz in unserem Elternhaus trugen maßgeblich dazu bei, dass wir auch mit Dingen umgehen lernten, welche nicht alle erklärbar sind und waren und dass wir mutig genug wurden, nicht nur darüber zu sprechen, sondern auch darüber zu schreiben.

DER 🗝 ZUM BUCH

EU-Länder & Hofmitglieder:

Pferd Kohlkopf	Helmut Kohl – Deutschland
Fohlen Honektraum	Der Traum Honeckers – ehem. DDR
Reiter Karischaque	Chaque Chirac – Frankreich
Schafbock John Mädkau	Toni Blair – Großbritannien (‚mad cow disease' = engl. Rinderwahnsinn). Ursprünglich ‚Toni', aber ‚John' klingt englischer
Kater Wiskie	Land des Whiskeys – Irland
Katze Danemann	Dänemark
Gans Schwenska	Schweden
Henne Sinlanda	Finnland
Ziege Greta	(Insel Kreta) Griechenland
Esel Giovanni	Italien
Knecht José	Spanien
Hahn Porto	Portugal
Hund Bellolux	Belgien und Luxemburg
Magd Ollanda Buisenberg	Holland und gleichzeitig auch Wim Duisenberg (designierter Präsident der zukünftigen Europäischen Zentralbank)
Stallbursche Wolferl	Österreich und Wolfgang Schüssel (theoretisch wäre auch Franzi möglich gewesen, doch die VP-freundliche Deutschlandpolitik ließ keine andere Wahl zu)

Sonstige Nationen:

Bursche Nori	Norwegen
Bursche Grüzi	Schweiz
Ziegenbock Kurti	Türkei
Schafbock Baronin Flätscher	Margaret Thatcher der die EWS-Krise mit der folgenden Abwertung des Brit. Pfunds den Prime Minister kostete (mit ordentlicher Nachhilfe des ehem. EU-Vorsitzenden Jaques Delors)
Fluss Banal	Englischer Kanal
Insel Winland	England als Insel
Büffel Marschall	USA und gleichzeitig auch Marshall-Plan zum Wiederaufbau des zerstörten Europas nach dem 2. WK
Jänkieland	Yankee = Amerika USA
Hengst Izan	Lies rückwärts Nazi = Nazideutschland
Lord Winston	Winston Churchill = England im 2. Weltkrieg
Bär Malin	Joseph Stalin = Russland im 2. Weltkrieg
Nippongi Bienen	Nippon = Japan
Verwalter Delorsch	Ehemaliger EU-Vorsitzender Jaques Delors
Hengst Gorbakopf	Staatspräsident Gorbatschow - Sowjetunion während der deutschen Wiedervereinigung 1990

Institutionen & Allgemeines:

Banker Tresinger	Ehem. Bundesbankpräsident Helmut Schlesinger
Banker Schittmeier	Aktueller Bundesbankpräsident Hans Tietmeyer im Jahre 1996
Enkel und Banker Credilion	Französische Staatsbank Credit Lynnais, über 100 Mrd. $ Staatszuschuss 1995 erforderlich und größter Gläubiger von Eurotunnel. Zentrale in Paris brannte im Mai 1996 bis auf die Grundmauern ab – Ursache nach wie vor unbekannt.
Brücke Eurobrummel	Eurotunnel, Anfang 1996 mit fast 9 Mrd. Pfund bei den Banken verschuldet und nach wie vor kein Licht am Horizont sichtbar
Hundesbank	Deutsche Bundesbank, einerseits Hüterin der Deutschen Mark und andererseits Anker des Europ. Währungssystems (Problem zwei Herren gleichzeitig zu dienen)
Hausbank	Derzeit noch die Dt. Bundesbank, die quasi schon als Europ. Zentralbank agiert und später einmal die echte Europäische Zentralbank
Schonkost Währungsschlüze	Europ. Währungsschlange mit der DM als Ankerwährung die sich aber als Nichtalternative für eine gemeinsame Währung empfahl, und in den Jahren 1992/93 mehr oder minder zerbrach (Abwertung von Pfund, Lire, Peseta usw.)
Universalkost Fleuro	Die geplante Europäische Einheitswährung ‚Euro' (Ecu-Nachfolger)

Tierarzt George Horos	Finanzgenie Georg Soros der mit seinen Hedge Funds einer der größten Nutznießer der europ. Währungskrise war und u.a. die Bank of England um über 1 Mrd. U$ ‚erleichterte'
Frau Ostereier	Die Bevölkerung von Österreich
Urgroßvater Franz-Josef	Österreich während dem 1. Weltkrieg
Großvater Karl	Österreich während dem 2. Weltkrieg
Zigarre Mortemuroa	Frankreichs Atomtests auf Muroa dürfen nicht unerwähnt bleiben
Siegerteam Schneeballschlacht	Die traditionellen Hartwährungsländer innerhalb der EU (DM-Block) und zukünftigen Euro-Mitglieder
Verliererteam Schneeballschlacht	Weichwährungsländer innerhalb der EU und wahrscheinliche Nichtmitglieder in der 1. Phase der Währungsunion
Bauernhof Blessür	Was denn wohl – die EU Zentrale in Brüssel natürlich

Der Autor

Udo Sutterlüty wurde 1966 in Egg geboren und erlebte mit seinen drei Schwestern eine glückliche Kindheit im Bregenzerwald. Nach der Matura an der BHAK Bregenz studierte er Betriebswirtschaft an der Universität in Innsbruck. Anschließend arbeitete er als Börsenhändler und Market-Maker bei Banken und Börsen in Wien, London und Chicago. Nach der Rückkehr in seine Heimat, wo er 1998 heiratete, arbeitete er zehn Jahre als Treasurer und Fondsmanager im Kleinwalsertal. Seit 2008 ist Udo Sutterlüty selbständiger Finanzdienstleister und gründete und managt gemeinsam mit seinem Londoner Freund und Partner Colin Moor den SUNARES-Fonds. Er lebt gemeinsam mit seiner Frau Heidi und ihren beiden Kindern im Elternhaus in Egg.

Der Verlag

„ *Wer aufhört besser zu werden, hat aufgehört gut zu sein!*

Basierend auf diesem Motto ist es dem novum Verlag ein Anliegen neue Manuskripte aufzuspüren, zu veröffentlichen und deren Autoren langfristig zu fördern. Mittlerweile gilt der 1997 gegründete und mehrfach prämierte Verlag als Spezialist für Neuautoren in Deutschland, Österreich und der Schweiz.

Für jedes neue Manuskript wird innerhalb weniger Wochen eine kostenfreie, unverbindliche Lektorats-Prüfung erstellt.

Weitere Informationen zum Verlag und seinen Büchern finden Sie im Internet unter:

www.novumverlag.com